你對自己的瞭解
可能是錯的

發現真實自我的113個 **心理測驗**

輕鬆生活館：28

你對自己的瞭解可能是錯的：發現真實自我的113個心理測驗

編　　著　愛薇兒
出 版 者　大拓文化事業有限公司
執行編輯　林秀如
美術編輯　姚恩涵

地　　址　22103　新北市汐止區大同路三段一九十四號九樓之一
劃撥帳號　18669219
總 經 銷　永續圖書有限公司
TEL　（○二）八六四七─三六六三
FAX　（○二）八六四七─三六六○
E-mail　yungjiuh@ms45.hinet.net
網　　址　www.foreverbooks.com.tw

CVS代理　美璟文化有限公司
TEL　（○二）二七二三─九九六八
FAX　（○二）二七二三─九六六八

法律顧問　方圓法律事務所　涂成樞律師

出版日◇二○一六年九月
Printed in Taiwan, 2016 All Rights Reserved
版權所有，任何形式之翻印，均屬侵權行為

國家圖書館出版品預行編目資料

你對自己的瞭解可能是錯的：發現真實自我
的113個心理測驗 / 愛薇兒編著. -- 初版.
　-- 新北市：大拓文化, 民105.09
　　面；　公分. --（輕鬆生活館；28）
　　ISBN 978-986-411-040-7(平裝)

　　1.心理測驗

179.1　　　　　　　　　　　　　105013191

Part 1

認識自己——你對自己的瞭解有可能都是錯的

CONTENTS

CONTENTS

Part 2

控制情緒——我的心情我做主

CONTENTS

Part

1

認識自己——
你對自己的瞭解有可能都是錯的

我們有一雙向外張望的眼，卻從未看到自己的內心；我們有一對向外擴張的耳，卻從未傾聽自己的內心。

　只要你願意觀察內心、傾聽內心，你會發現另一個你，一個熟悉而又陌生的你。只有真正地瞭解自己，才能找到自己的優缺點，熟悉自己的性格，才能真正把握自己的命運。

01. 內心深處的植物

　　如果你是一種植物,你希望是什麼?把這種植物畫在下面空白處,並在右側寫上你選擇這種植物的理由。

_____

_____

_____

測試結果

　　你選擇了某種代表自己的植物,是因為這種植物有和你相同或者你所希望具備的特質,這種植物可以投射出你內心深處對自己最真實的期望。

☆ **【生命中最難的,是你不懂自己】**

　　尼采說過:「對待生命你不妨大膽冒險一點,因為好歹你要失去它。如果這世界上真有奇蹟,那只是努力的另一個名字。生命中最難的階段不是沒有人懂你,而是你不懂你自己。」

02. 把自己壓縮成20個詞語

請用20個諸如漂亮、聰明、可愛、懶惰等形容詞來描繪自我，並解釋為什麼要用這個詞來描繪自己。

1. _____ → _____

2. _____ → _____

3. _____ → _____

4. _____ → _____

5. _____ → _____

6. _____ → _____

7. _____ → _____

8. _____ → _____

9. _____ → _____

10. _____ → _____

11. _____ → _____

12. _____ → _____

13. _____ → _____

14. ＿＿＿＿＿　→ ＿＿＿＿＿＿＿＿＿＿＿＿＿＿＿＿＿

15. ＿＿＿＿＿　→ ＿＿＿＿＿＿＿＿＿＿＿＿＿＿＿＿＿

16. ＿＿＿＿＿　→ ＿＿＿＿＿＿＿＿＿＿＿＿＿＿＿＿＿

17. ＿＿＿＿＿　→ ＿＿＿＿＿＿＿＿＿＿＿＿＿＿＿＿＿

18. ＿＿＿＿＿　→ ＿＿＿＿＿＿＿＿＿＿＿＿＿＿＿＿＿

19. ＿＿＿＿＿　→ ＿＿＿＿＿＿＿＿＿＿＿＿＿＿＿＿＿

20. ＿＿＿＿＿　→ ＿＿＿＿＿＿＿＿＿＿＿＿＿＿＿＿＿

測試結果

　　也許到最後，你會發現有很多詞相互矛盾，其實我們每個人都是一個矛盾的結合體，也許在事業上表現得很獨立，但在生活中卻需要別人的呵護。最關鍵的是，我們能夠認識到自己的長處，並接納長處、發揮長處，同時也能認識到自己的短處，並對之不斷修正或善加利用。

03. 選衣服測試成熟度

買衣服時,你會以什麼作為選擇的主要依據?

A. 品牌　　　　　B. 流行
C. 顏色　　　　　D. 款式
E. 價錢

 測試結果

A 你勉強可算是個成熟的人,你能夠堅持不懈地朝目標前進,但無意間的小動作,還是會流露出稚氣未脫的感覺,很容易被貼上小孩子的標籤。

B 你是努力尚不足的典型,還不算是成熟的人,你的心理成熟度還處於萌芽階段,如果從現在開始積極培養的話,將來定會大有作為的。

C 你全身上下散發出成熟、迷人的氣息，但是還不能說是完全成熟，因為你還是容易感情用事。

D 你是一個在心智上臻於成熟的人，每天都神采奕奕、充滿自信，同時又深得朋友的信賴，唯一的缺點就是你對日常生活乃至人生的態度稍顯嚴肅了點。

E 乍看之下你的舉止中散發出成熟的氣息，實際上，你卻是個極需依賴他人的人，你沒有辦法好好認清自己，是個沒有主張的人。建議你多多發表自己的意見。

04. 從吃蛋糕探尋你的真實性格

現在你面前有一個用多種材料做成的精美蛋糕，那麼，你最想從哪部分開始吃呢？

A. 做成草莓的部分
B. 做成蠟燭的部分
C. 做成餅乾小屋的部分
D. 做成塑膠裝飾的部分
E. 做成巧克力牌的部分
F. 做成砂糖聖誕老人的部分

測試結果

A 你很重視道德觀念。雖然有時會想做脫離常規的事，但生活大致平靜，由於太過先入為主，很難產生新穎的想法，但能在特定的條件下發揮長處。

B 你是一個很現實、重視工作的人。你最大的興趣就是工作，不知是希望這樣，還是不得不這樣，你非常喜歡自己為工作而忙碌奔波的時候。

C 你很重視理想，屬夢幻浪漫型，女性則強烈地想結婚，沉溺於現實中無法出現的幻想，也許是一種逃避現實的心態。

D 你很重視外觀，拘泥於形式，追求個性，擅長策劃，並能提出令人驚奇的構想，但性情多變。

E 你很重視發揮整體實力，富有靈活性，能力較弱之處能以其他方面彌補，進而提高整體水準，取得領導權後也能盡職盡責。

F 你非常重視人與人情，而且對別人很依賴，與獨處相比，更喜歡與別人在一起。

☆【生活感悟】

1. 別和小人過不去，因為他們本來就過不去；

2. 別和社會過不去，因為你會過不去；

3. 別和自己過不去，因為一切都會過去；

4. 別和親人過不去，因為他們會不讓你過去；

5. 別和往事過不去，因為它已經過去；

6. 別和現實過不去，因為你還要過下去。

05. 由小細節觀察你的性格

　　一對情侶正搭坐纜車。當纜車走到中途高空時，女的好像突然大聲對男的說話，你覺得會是以下哪句？

> A. 今天我們在那家白色旅店過夜吧！
> B. 哇！你看，那片湖多美！
> C. 呀！我好怕，快救我！
> D. 糟了，速度怎麼慢下來了？是不是發生什麼事了？

測試結果

Ⓐ　你朝著目標勇往直前，有旺盛的企圖心，不想依賴他人，不畏艱險，敗而不餒，有堅持到底的毅力。

因為你嚴於律己，所以能夠博得周圍人的信賴，尤其是讓部屬及後輩所敬仰。

B 你我行我素，深諳中庸之道，緩急得當，既能配合群體，又能慢慢伸展自己的實力。

你屬於慢工出細活型，表面上雖不善交際，但無形中大家就都成為了你的朋友。

C 你很獨立，喜歡獨行，缺乏恆心，做事常因小挫折或不如意，就半途而廢。

交友不必勉強，選擇亦師亦友、志同道合的人互助合作，當可發揮潛力，邁向目標。

D 你雖有企圖心，卻總是舉棋不定。考慮過多，再三躊躇，致使自陷迷局，無法發揮自己的才能。

你該鼓起勇氣，身體力行，才能把道路打開。

06. 世界上有三個「我」

自己拿起筆來，填寫前兩列。再請哥兒們或閨蜜
幫你把最後一列填上。

寫完之後，認真比對一下。

項　　　目	真實的「我」	理想的「我」	別人眼中的「我」
身　　　高			
體　　　重			
相　　　貌			
教育程度			
性　　　格			
職　　　業			
收　　　入			
愛　　　好			
理想抱負			

測試結果

　　你對真實的「我」滿意嗎？別人眼中的「我」與理想的「我」差距有多大？是否太過在意別人的評價，以致於活在了別人的期望與陰影之中？為「理想的我」制定過一個切實可行的行動計劃嗎？

☆【如何認識你自己】

人一定要想清楚三個問題：

第一，你有什麼；

第二，你要什麼；

第三，你能放棄什麼。

對於多數人而言：有什麼，很容易評價自己的現狀；要什麼，內心也有明確的想法；最難的是，不知道或不敢放棄什麼──這點恰好能決定你想要的東西能否真正實現，沒有人可以不放棄就得到一切。

07. 你的「口味」重嗎？

你比較偏好的食物味道是哪種？

A. 清淡的

B. 偏酸的

C. 鹹的

D. 辣的

E. 又甜又鹹、甜中帶苦等「另類」口味

測試結果

A 你注重交際，個性隨和，但獨立性不強，不願意單槍匹馬行事。

B 你有事業心，但性格孤僻，不善交際，遇事愛鑽牛角尖，沒有知心朋友。

C 你比較穩重，做事有計劃，屬埋頭苦幹型，但會輕視人與人之間的感情。

D 你做事果斷，為人熱情，脾氣有些火暴，常想到什麼就說什麼。

E 喜歡「另類」口味的你，一般性格內向，喜歡獨來獨往，思維非常縝密，深藏不露，看上去有些冷漠孤傲，不好接觸。

08. 生命中，你最注重什麼？

有一天，你忽然得到了一種魔法，這種魔法可以使你變身為一種動物。你會把自己變成什麼動物呢？

A. 鳥	B. 豬
C. 鹿	D. 狗
E. 牛	F. 馬

測試結果

A 你最注重愛情

你追求一段完美的愛情，你認為人生就是因為有愛情才顯得多姿多彩。

B 你最注重金錢

你覺得有錢便能擁有一切，所以你總是賣力的賺錢存錢，希望有朝一日能成為大富翁。有錢能使鬼推磨的觀念深植你心。

C 你最注重名譽

你認為失去了名譽，就沒有活在世上的價值了，所以平常你總是謹言慎行，希望留給別人好印象。

D 你最注重休閒、快樂

你認為人生苦短，不必辛苦地去追求一些事物，悠閒的生活最令你感到快樂，也可以說你是最典型的現代人。

E 你最注重家庭

你的家庭觀念很強，心中期待的是父母的健康、兄弟姐妹間的和睦，甚至日後的夫妻、子女問題都是你最關心的。

F 你最注重學業和工作

你總是投入很多時間在書本或工作上，與其說你是學霸或工作狂，不如說你有顆不認輸的心，也可以說你是個有上進心的人。

09. 誰是你現在最在意的人？

每個人可能都有掉東西的經歷。假如有一天，你騎自行車經過一個地方，發覺自己有東西掉了，可是又沒辦法回去撿，這時你會檢查自己的東西，希望掉的不是下面哪一項？

A. 手機
B. 他/她送的有紀念性的物品
C. 皮包（內有錢及證件）
D. 剛買的心愛物品

 測試結果

A 你現階段最重視的是友情

你很相信朋友，所以你不能忍受週遭好友有一絲的背叛。也代表著你內心裡想找一個可以談心的另一半。

B 你現在最重視的一定是愛情

你和他/她正處於戀愛「蜜月期」，所以對於他/她的一切你總是特別珍惜。

C 你現在最重視的是自己

也許你正學著如何讓自己獨立過日子，自己租房子、自己打掃、自己煮東西……過著完全屬於自己的生活。

D 你現階段最重視的是親情

可能是家裡的感覺較溫馨，或是家教比較嚴，所以你幾乎沒什麼休閒活動，有空就會待在家裡。

☆ 【不要挑釁三種人】

1. 看穿你的人——惹不起。

   缺乏機會優勢，你出第一招時已被料到第五招會用什麼。

2. 功力比你深厚的人——惹不起。

   缺少實力優勢，剛一過招，人家只用三成功力，你卻已覺胸口一熱，強忍喉頭一口血。

3. 你最在意的人——惹不起。

   沒有心理優勢，無論結果如何都是你輸。

10. 擠牙膏，知個性

　　人的性格無微不現，即使擠牙膏這樣最平常的舉止也不例外，你在擠牙膏的時候是怎樣的呢？

> A. 從中間擠
> B. 從中底部向上擠
> C. 把牙膏捲起來擠
> D. 捏著一點點擠
> E. 在牙刷上擠過多或過少牙膏

 測試結果

　　從中間擠的人，衝動，愛開玩笑，能言善辯，活潑好動，情緒高昂。

B 從中底部向上擠的人,做任何事都井井有條,腳踏實地,同時也是一位策劃者,處理艱難的工作時,非常有耐心。

C 把牙膏捲起來擠的人,挑剔,是一位難以取悅的人,追求十全十美,對自己要求高,甚至苛刻。

D 捏著一點點擠的人,十分敏感,是理想主義者,這種人很容易原諒自己愛人的過錯,並很聽父母的話。

E 在牙刷上擠過多或過少牙膏的人,要麼喜歡擺闊氣,要麼節儉成性,保守頑固,能算會花。

11. 你是委曲求全的人嗎？

當你鼓起勇氣向你暗戀的人表白，他/她用什麼方式拒絕你會讓你最受傷？

A. 破口大罵，叫你不要煩他/她

B. 只用冷眼和冷笑對你表示不屑

C. 吆喝朋友一起來嘲笑你

D. 對你「Say No」轉頭就跑

測試結果

A 你覺得證明自己的能力是非常重要的，又認定工作是自己能力的最好證明，所以，雖然受了很多委屈，但只要未來可以成功，現在的苦就都沒有關係。

B 你在愛情上太癡情、太執著，會包容對方任何事情，只要遇上愛情就完全陷進去了，這時候你會變成一個「老媽子」，無論對方怎麼凌虐你，你都可以忍下來。

C 你有「二十四孝」的精神，對父母幾乎百依百順，很聽話，很有責任感，覺得世界上只有父母最重要，所以不管父母的要求合不合理都會吞下去。

D 你很在乎朋友，願意為朋友兩肋插刀，害怕孤單寂寞，覺得家人不能滿足自己，反而朋友可以在精神上或物質上支持自己，所以年紀越大會越在乎朋友。

☆【剛者易折，柔則長存】

有智慧之人，懂得如何委曲求全，忍耐求成。

學會完善自己的個性，控制自己的情緒，改變自己的偏執。雖然這有點痛苦，但要想成功，就要做該做的事，而非只做喜歡的事。

當你把不喜歡的事做好了，也就開心喜歡了。

12. 你的幸福屬於什麼型？

下面五杯飲料中，只有一杯沒被下毒，你覺得會是哪一杯？

A. 剛擠出來的鮮牛奶

B. 剛泡的烏龍茶

C. 濃濃的美式熱咖啡

D. 熱珍珠奶茶

E. 一杯純淨的白開水

A **找到對方便心甘情願型**

你很單純也很善良，只要喜歡上對方就會覺得自己超幸福。

B 你儂我儂分不開型

你對幸福的定義就是跟自己最愛的人在一起，目前的心境是非常成熟的，不管是工作還是日常生活，你都能很平靜地享受。

C 歡喜冤家型

你非常自我，可是彼此卻很相愛，常常會拌嘴鬥嘴，不過在彼此心底的份量還是很重的。

D 只羨鴛鴦不羨仙型

你和另一半在一起時已經不需要用言語溝通，兩人的默契不是外人所能瞭解的，常常只要對方一個眼神就能瞭解。

E 想喝忘情水忘記一切型

你非常獨立、聰明，知道自己要的是什麼。

13. 你喜歡穿哪種樣式的 T 恤？

　　家裡的衣櫥裡一定有很多 T 恤吧，找出來看看，那裡也許就藏著小祕密。

　　你最喜歡穿哪種樣式的T恤呢？

　　A. 沒有花樣的彩色T恤
　　B. 沒有花樣的白色T恤
　　C. 印有各種明星畫像的T恤
　　D. 印有自己名字的T恤
　　E. 印有著名景點風景的T恤
　　F. 印有學校名稱或者大公司標誌的T恤
　　G. 印有幽默標語的T恤
　　H. 破T恤衫

測試結果

A 你的自我表現欲並不強，甚至可以說是喜歡普通，甘於平庸，比較內向，不喜歡張揚，富有同情心，在能力許可的範圍內，你會盡可能地關心和幫助他人。

B 你比較獨立，並且從不會輕易向世俗潮流低頭，還具有一定的叛逆性，但表現得不是特別明顯。

C 你屬於追星族，有自己崇拜、喜歡的明星，並希望自己有朝一日能夠像他們一樣耀眼。

此外，你還很樂於向周圍的朋友吐露自己的心聲。

D 你的思想比較開放，時尚前衛，喜歡吸納新事物，對那些陳舊迂腐的觀念多持否定或排斥的態度。

你真誠熱情，喜歡結交新朋友，並且通常都有著非常好的人際關係。自信心很強，且具有一定的隨機應變能力。

E 你性格外向，具有一定的冒險精神，非常喜歡旅遊。

此外，你接受新事物的能力非常強，且自我表現欲也很強，總是第一時間把自己所知道的一切都傳達給他人。

F 你希望他人能夠知曉自己的身分，並且對自己所在的學校或公司具有一定的感情。

你這樣做的目的往往是希望能夠以此為載體，吸引一些志同道合的人。

G 你很聰明，反應機敏，具有一定的幽默感。你的表現欲也非常強，總是希望自己能夠引起周圍人的注意。

H 選擇這種另類 T 恤的人，大多是為了尋求一種優勢或彰顯一種無所畏懼的精神。

你會對自己 T 恤的破舊之處頗感自豪，還會若無其事地展示給別人，你不會在意別人不解或嘲諷的目光，甚至有時把那視為一種讚美。

14. 公車吊環握法測出你的性格

　　公車已成為都市人主要的交通工具之一，不論你是學生還是上班族，可能都坐過公車。但是，你留意過你在公車上握著吊環的方式了嗎？

A. 直接握住吊環上方的帶子

B. 一隻手同時抓住兩個吊環

C. 兩手各抓一個吊環

D. 用三四根手指鉤住吊環

E. 用五根手指緊握住吊環

F. 不抓吊環，直接抓上方的鐵桿

A 你做事常常只有三分鐘熱度，來得快，去得也快。對於新事物非常好奇，也很重視外表。不過你也是一個乾脆爽快的人，不會拖泥帶水、婆婆媽媽。

B 你會在事業上取得成就，你是個非常現實的人，不太關注他人的事。愛情對你來說也同吃飯睡覺一樣實際，沒有一定的物質條件，你決不會在愛情上白費工夫。

C 你懷有許多理想，常常在腦中想像這些美麗的景象，但是說到付諸行動，你可就沒有什麼概念與計劃了，所以多半只是空想而已，並不能真正實現。

D 你是一個內斂的人，待人彬彬有禮，常給人以「沉默是金」的忠實感。但你需要展示你開朗的一面，別讓對方覺得你是個不成器的人。

E 你是一個理性的人，適應環境能力強，做事往往勝人一籌。對於愛情，精神與物質對你同樣重要，但是兩者又難以平衡，所以你常常不得不做出痛苦的決定。

F 你有雙重性格，有著活力與激情，又敏感，對於周邊環境會沒有安全感。在心情好時，你工作起來很有衝勁，而且效率奇高，令人捉摸不透。

☆【孕婦效應】

心理學上把「只要洗車就下雨」「等哪路公車哪路公車不來」……這種心理投射叫「孕婦效應」，即偶然因素隨著自己的關注而讓你覺得是普遍現象。你懷孕了就更容易發現孕婦，你開了賓士車就更容易看到賓士車，你拎個LV包包就發現滿街都是LV……世界其實挺美好的，看你把內心投射在哪裡。

15. 吃薯條的祕密

吃薯條的時候可以多留意一下自己的吃法，因為它會展示你很多祕密喲！

A. 把番茄醬包打開，將番茄醬擠在乾淨的容器裡，然後用薯條沾著品嚐

B. 將番茄醬包開個小口，把醬一點點擠到薯條上，然後品嚐

C. 將番茄醬包沿虛線撕開，把薯條放入其中沾取，然後品嚐

D. 不沾番茄醬，乾吃薯條

測試結果

A 你的性格比較豪放，不拘小節，有愛心，樂於助人。不過你多憂慮，做事猶豫，缺乏主見，膽小怕事，很難讓人委以重任。不過若是哪位上司敢於將重任交給你，你亦能竭盡全力，較為出色地完成任務。

B 你感情豐富，心思敏捷，爛漫單純。胸無城府的性格使你容易上當受騙，一旦陷入痛苦之中便很難自拔。不過你擅長吟詩作對，有點孤芳自賞，所以最終也能自得其樂，化去心中的道道傷痕。

C 你穩重成熟，循規蹈矩，非常在乎周圍人的目光，你野心勃勃，卻匱於智力與能力。你平易近人，但又不易與人相處，所以別人對你褒貶不一，很有「兩面評價在人間」的雙重特色。

D 你不修邊幅，邋邋成性，不諳世事，完全活在自己的世界中。你智商較高，天賦過人，往往不用多少努力就能獲得很大成就──不過往往惰於奮鬥，只要能保證基本生活需要便會滿足。

16. 你的心理弱點在哪裡？

在一個兇殺案現場，被謀害的是一位年輕女子，
她遇害時正好手中抓著一支斷裂的口紅，請憑直覺推
斷她遇害的原因。

A. 強盜闖入家中劫財劫色
B. 男友報復她移情別戀
C. 暗戀她的人所為
D. 情敵下的毒手

測試結果

A 你潛意識裡最大的弱點是害怕患病。
你最害怕的莫過於自己得了不治之症，受盡治
療的折磨，你害怕身上的苦痛和死亡的威脅。

B 你的心理弱點是害怕死亡。
但不是你自己的死亡，而是你最親密的人的死
亡。因為你的感情依賴度非常高，尤其對父母、
配偶、兄弟姐妹。當不幸發生後，你將無法承
受。

C 你最感到恐懼的是自然界中無法解釋的現象。災難、惡魔等會在你的夢境中或在你意識模糊的時候出現。這是你非常不易克服的弱點。

D 你的心理弱點是害怕背叛。

你無法面對情人變心或摯友出賣你。在他人惡意背叛你時，你會脆弱得失去所有反擊能力。

不過這個弱點不易被察覺，非要到面臨困境時才會顯現。

17. 你的死穴是什麼？

你偷偷存了好久私房錢，終於如願以償地買到了
自己最喜歡的名貴小狗，沒想到回家打開籠子後，小
狗不知是怕生還是怎樣，居然一溜煙躲了起來。你覺
得牠會躲在哪裡呢？

A. 床下
B. 書桌下
C. 鏡子後面
D. 電視機後面

測試結果

你的死穴是戀愛

選擇床表示你對戀愛有很多錯綜複雜的感覺，
做朋友時你可以自然相處，一旦變成戀人你就
開始患得患失。

B 你的死穴是氣質

只要周圍的人開始談論時尚或藝術，而你跟不上的時候就會覺得很丟臉。多花點時間研究吧！

C 你的死穴是外貌

你覺得你的身材、臉蛋沒有任何傲人之處，所以很多時候無法積極行動。何不注意發展出自己獨有的特色呢！

D 你的死穴是人際關係

你不擅長與人溝通，說話時常會過分緊張，常常不知道是否將自己的意見傳達出去了，或是在衝動之下，說了不該說的話。

18. 借船過河

　　有個男人M，他要過河去和未婚妻F相會結婚，但兩人一河相隔，M必須要借船過河才能見到F，於是他開始四處找船。

　　這時，他看見一個女子L剛好有船，M跟L借，L遇到M後愛上了他，就問：「我愛上你了，你愛我嗎？」M比較誠實，說：「對不起，我有未婚妻，我不能愛妳。」

　　這麼一來，L就不肯把船借給M了，她的理由是：「我愛你，你不愛我，這不公平，我不會借給你的！」

　　M很沮喪，繼續找船，剛好看見一位叫S的女子，就向她借船，S說：「我借給你沒問題，但有個條件，我很喜歡你，你是不是喜歡我那都無所謂，但你必須留下陪我一晚，不然我不借給你。」

　　M很為難，L不借給他船，S如果再不借給他的話就過不了河與F相見了，而且據說這個地方只有這兩條船。

　　為了彼岸的未婚妻，他不得不同意了S的要求，陪

了S一晚。次日，S遵守承諾把船借給了M。

見到未婚妻F後，M一直心裡有事，考慮了很久，終於決定把向L和S借船的事跟F說了。可是，F聽了非常傷心，一氣之下與M分了手，她覺得M不忠，不可原諒。

M失戀了，很受打擊。這時他的生活裡出現了位女子E，兩人也開始戀愛了，但之前的事一直讓他耿耿於懷，E問M是不是有什麼話要跟她說，於是，M一五一十地把他和L、S、F之間的事講了一遍。

E聽了後，說：「我不會介意的，因為這些跟我沒關係。」

故事講完，問題來了，請你把這幾個人排列順序，標準是你認為誰最好，誰排第二、第三、第四、第五，這個男人M也算在內。

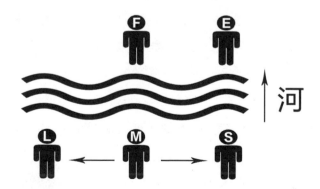

測試結果

　　答案其實很簡單，就是你的潛意識告訴你，你最想要的是什麼。

　　M——金錢（Money）

　　L——愛情（Love）

　　S——性（Sex）

　　F——家庭（Family）

　　E——事業（Enterprise）

☆ 【認識你的潛意識】

1. 能量無比巨大：潛意識是顯意識力量的3萬倍以上。

2. 最喜歡帶感情色彩的信息。

3. 不識真假，直來直往，絕不打折扣的執行者，說什麼就做什麼（時間長短不一定）。

4. 比較容易受圖像方面的刺激。

5. 我們不能覺察到，只有透過催眠才能開發它。

6. 放鬆時，最容易進入潛意識。

19. 你有怎樣的人生態度？

　　黃昏散步的時候，你發現了一個古老的空屋，你悄悄潛入，從向西的破窗往外看，你認為會被以下什麼東西吸引住呢？

> A. 自布滿晚霞的天空飛過的飛機
> B. 工廠的煙囪所冒出來的煙
> C. 漸漸西沉的太陽

測試結果

A 你是個積極熱情的人，不斷地規劃人生，讓自己過得既忙碌又充實。你常常感覺人生短暫，時間不夠，相信你在工作、學習、愛好等方面已經獲得不錯的成果。

B 你是那種容易衝動、心理變化劇烈的人。當熱衷於某件事時，你會覺得時間過得飛快，一旦興趣減退，便又覺得度日如年。

C 你是一個逍遙自在、積極樂觀的人。在行動上
你是屬於慢步調的人,所以容易變得懶惰。生
活會不夠充實,多少感到有點空虛。

20. 潛意識中，你的人脈觀如何？

下面的圓代表了你自己。現在來了一個「新人」，我們用一個新圓來表示。那麼如何加上這個新的圓？

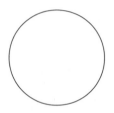

測試結果

A 畫一個新的圓套住「自己」。你打算積極地經營人際關係，擴展自己的朋友圈，既想保持和老友的聯繫，也想多多結識新的朋友。

B 「自己」套住一個新的圓。你願意反省自己，在人際關係方面比較保守。儘管你的朋友圈會相對比較封閉，但你卻樂在其中。

C 「自己」和新的圓交結在一起。表示自己希望和某個人在一起，如果對方是異性，就是希望

和對方情感相合。同時，兩個圓的交結也意味著「自己」的形狀被打破，象徵你想突破自己現狀的心理。

D 「自己」和新的圓保持距離。你對人際關係並不抱經營的理念，而是順其自然，和他人保持「距離」。或許這樣可以使你感到安全和輕鬆。

☆ 【建立人脈的10大潛規則】

1. 想釣到魚，就要像魚那樣思考。

2. 不要總顯示比別人聰明。

3. 讓對方做主角，自己甘願做配角。

4. 目中無人，讓你一敗塗地。

5. 常與人爭辯，你永難贏。

6. 鋒芒畢露，下場不好。

7. 刺蝟原則——保持適當距離。

8. 樹一個敵，等於立一堵牆。

9. 謙虛不虛偽，不苛求完美。

10. 失言不如無言。

21. 你會以什麼為重？

假定你是某一國的國王，膝下只有一個寶貝兒子。他快成年了，人長得很帥，但個性羸弱，魄力不夠。你決定讓他到外面去磨煉一下。在下列工作場所中，你認為給他哪一個最好？

A. 農場	B. 餐廳
C. 醫院	D. 警察局

測試結果

A 以「金錢」為重

在農場，農作物有播種就會有生長，代表只要有錢，將來幸福就可以期待。你也許受到小時家境窮寒的影響，但太重視金錢，結果會視工作為生活，家庭幸福會受到威脅。

B 以「團圓」為重

餐廳象徵一家團圓，也象徵休閒。也許你對小時候全家人圍在一起吃晚飯的情景記憶猶新，這種家庭觀最為理想。

C 以「健康」為重

醫院象徵健康，同時也象徵家庭衛生。過去家族中也許有人長臥病榻；既然重視健康，當然就會注意飲食營養，但如果太挑剔，就會適得其反。

D 以「教育」為重

警察除暴安良，象徵教育，教育也等於教養。你對兒女的教育會異常積極，對兒女的升學及志願也會橫加干涉，你想建立父母絕對權威的家庭，這似乎有些不合時代潮流。

☆【一個人努力一生，大多是為了實現三大追求】

1. 財務自由：有足夠的金錢養活自己和家人，需要用錢時不發愁。

2. 時間自由：有可支配的時間靈活安排工作、休息和娛樂。

3. 心靈自由：跟隨自己內心，不讓夢想憋屈。實現自由最容易的時間段，不是未來的某一天而是現在。

22. 你的優點在哪裡？

下面有六種狀況設定，哪一種是你最無法忍受的？

> A. 欺負小動物
> B. 混黑道
> C. 虛偽做作
> D. 欺善怕惡
> E. 對老人、小孩不友善
> F. 不遵守約定

測試結果

A 「正義感」即使要你犧牲自己，你照樣會義無反顧地選擇仗義執言。因此，你的正義感總是為你帶來友誼。

你那鏟奸除惡的精神更會為你贏得讚賞與信賴。

B 「同理心」你總是可以設身處地地為周圍的人著想，你的協調能力、自我約束能力都很強。跟你相處，大家總是可以無後顧之憂，你的善解人意更讓人時時刻刻都想親近你。

C 「誠實」誠實、正直是你最大的特色，你認為，與其用謊言來包裝自己，不如以真實的自我來獲得周圍人的肯定。

你那表裡如一的堅持，會讓大家對你的信任感與日俱增。

D 「耐力」你屬於「路遙知馬力」的類型。年紀越大，你的這項優點就越會獲得讚揚。

你總是默默地耕耘，把一個不太可能完成的任務順利完成，大家都會甘拜下風。

E 「同情心」你的同情心非常旺盛，看到需要幫助的人和事物，就會忍不住想要貢獻自己的力量。拜你所賜，許多人都獲得了無上的快樂，這個社會也因你變得更祥和。

F 「責任感」你非常注重人與人之間的信賴關係，會努力遵守約定，答應別人的事也一定會做到，就算發生麻煩也會盡力解決。因此這樣的你，當然是大家欣賞的人物！

☆【不適用於木桶理論的「人」】

真正成功的人，無論在哪個領域，無一不是能發現自己的天賦，並將天賦全然綻放的人。但遺憾的是，我們被「木桶理論」侷限了，絕大部分的人都將絕大部分寶貴的時間，用於去彌補自己的短處，木桶理論適用於組織，不適用於個人成長。

去發揮你的天賦吧，別理會自己的短處了！

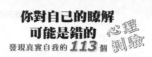

23. 從塗鴉看穿你的心思

塗鴉能看穿一個人的心思嗎？你就在下面的空白處隨手畫畫吧。

圓圈

這是一種自閉的信號，它傳達出情緒化、敏感和尋找安全感等信號。

堆起來的立方體

這樣的畫多麼像磚牆拔地而起。它顯示出一種有條不紊的精神，一種前進的意願或者一個正在形成的想法。

C 星號或星星

代表一種發光、散發熱量的慾望。但如果分叉過多而且離開了星星的主體,也可能代表一種潰散的危險。

D 柵欄

它給人一種阻隔的印象。你可能忍受著痛苦,覺得不自在或者受著拘束。但也可能你是個很出眾的人,自己卻想藏起來,自我保護。

E 鋸齒

這是侵略性的象徵,既可能是積極的——代表鬥志昂揚;也可以是消極的——代表怨恨或者惱怒。

F 單詞周圍加框

這是肯定和信心的標誌。但也可能顯示了一種完美主義者的擔心,或者一種戰勝別人、戰勝自己的願望。

G 箭頭

指向一個方向,它也展現了一種企圖,比如侵略性等等。根據給這個箭頭加上尾翼或者給箭頭加尖的程度,它所表現的力度也有強有弱。

另外，箭頭的方向不同，其含義也不同：

向高處——指向別人；

向低處——指向自己；

向左——指向過去；

向右——指向未來。

H 迷宮或螺旋

它表現了迷失自我的情緒，帶有一種找尋方向的意願。從圖畫的走向上表示出來：從左向右，象徵著一種非常謹慎的態度；反過來，則表示出一種向別人敞開心扉的努力。

I 格子

黑白相間，這種相反力量的對抗意味著猶豫不決，尋找自我或者想要表示一種重要的挑戰。

☆【塗鴉讓記憶力提升29%】

聽一段同樣的錄音時，那些信筆塗鴉的人比什麼都不寫不畫的人，能記住的東西多29%。英國普利茅斯大學的傑克·安德哈德教授說，那些開會時看似聽得無比認真的人，最有可能在做白日夢；那些隨手寫畫的人，注意力反而始終鎖定在會議上。

24. 你會為什麼而撒謊？

在奇幻的世界中，長了一棵恐怖的樹，因為它有一張血盆大口，可以把人給吞下。

你認為這棵樹是利用什麼方法來讓人接近，進而捕食的呢？

A. 用令人心醉的歌聲

B. 模仿對方戀人的聲音

C. 散發迷人的樹香

D. 利用飛翔在它周圍的小鳥使者

E. 什麼都不做，只是靜靜等待好奇的人走過來

測試結果

A 你會為了討人喜歡而撒謊。很多事情你都添油加醋，當然這並不算什麼惡意的謊言，但如果謊言逐漸擴大的話，就容易讓你在眾人面前丟臉。所以，你應該謹言慎行。

B 你會以認真的態度說謊。一旦這個謊言被識破，你就會遭受很重的打擊，大家對你會有種深怕被出賣的感覺，所以為了自己，絕對不可以撒謊。

C 你不會利用謊言去傷害人，可稱得上誠實的人，或者說你是個不善於說謊的人，只要你說謊就會被別人看穿。也因此，你的名譽不會受損，會有很多人認為你很誠實、可愛。

D 你有找替罪羊的傾向。為了使謊言有說明力，你常使用「因為某某說……」或是「從某某那裡聽來的……」等語句。如此一來，當謊言被識破時，那個人的信用也跟著你完蛋。

E 你是忠厚老實的人，最痛恨的就是欺騙別人。也正因如此，即使對方不想聽的事實，你也會和盤托出，結果通常是傷人很深。在必要時，你也要機靈地學會撒謊。

☆【撒謊的孩子有出息】

研究發現，50%的3歲孩童會撒謊，4歲會騙人的占90%，12歲的兒童幾乎都會撒謊。孩子撒謊，其實是認知發展的標誌。

認知功能發展越健全的孩子，撒謊技巧就越高明，因為他們有辦法圓謊。孩子撒謊有可能是早慧的表現，這些人，長大以後更可能成為領袖人物。

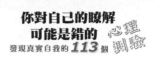

25. 由吃牛排方式測你的性格

人吃飯的習慣是從小養成的，從其上也非常容易看出一個人的性格。在使用刀叉時，你是如何切割、叉起的呢？

A. 從左端開始切，一塊一塊地吃
B. 從右端開始切，一塊一塊地吃
C. 把全部牛排切成小塊後，再一塊一塊地吃
D. 從中央開始切，一塊一塊地吃
E. 只切一小塊吃
F. 吃法經常改變

 測試結果

A 你喜歡一般認為合理及正常的事，你有一種將自己的生活方式或思想向別人推銷的傾向。若是覺得自己想的說的正確無誤，就很難再去聽取他人的意見。

B 你的性格比較溫順，也是較易為對方著想的那一類人。較易和他人親近而打成一片，即使心裡有什麼不愉悅之處，也不會表現於外，通常都能與別人和諧相處。

C 你屬於那種自己想要的東西無法立刻到手就會急躁不安的類型。你想要做的事情，不管遭到多少反對都會一意孤行。另外，屬於這一類型的人喜歡照顧、安慰別人，當他人有煩惱時不會置之不理，而會伸出援手。對人的好惡會明顯表示出來，不會加以掩飾。

D 你是屬於有才幹型的人，常會因考慮個人本位之種種而較自私自利。若有什麼想做的事則會毫不猶豫地去做，是坐而言不如起而行的那一類型的人。你比較善於交際，很有人緣。

E 你是一個道地的現實主義者，能使生活和自我相互調和，社交能力強，和誰都可以說上幾句話並應對自如。工作能順利完成，關鍵在於你能與他人通力合作。

F 你性情易變，經常會無法適應在人群中的生活，在工作上也是如此，常因無法與他人合得來而遭人誤解。

26. 你最無法抵抗什麼誘惑？

你在禁菸餐廳吃飯，發現隔壁有人抽菸，你會用什麼方法叫他不要抽菸？

A. 忍住不講，自己吃啞巴虧
B. 狠瞪他，然後叫服務員轉告
C. 潑他水，把菸澆熄
D. 故意假裝咳嗽，柔性暗示勸說
E. 直截了當告訴他

測試結果

A 你最無法抵抗「挑逗和用肢體語言暗示你的異性」，你其實是悶騷型，事情明著講你會不願意，可是如果有人一直糾纏你、挑逗你，久而久之你就拒絕不了了。

B 你最無法抵抗「具有優質外表的帥哥或美女」，你有自己的原則跟標準。

C 你最無法抵抗「採用金錢攻勢的多金人士」，你表面上是大男人或大女人，可是內心深處其實是很脆弱的。

D 你最無法抵抗「用甜言蜜語打動你的多情者」，你需要大量的愛跟被愛，你會因談戀愛的感覺而陷入感情的漩渦。

E 你最無法抵抗「越不理你，你越渴望得到的冰山情人」，你的自尊心很強，不喜歡輸的感覺。

☆ **【不想做的事情一開始就要拒絕】**

如果一開始沒有拒絕，後來就難了。人總是試圖保持在別人心目中的一致形象。我們承諾過的事情，總會盡力去完成，不然就會產生心理壓力，失信於人。

正所謂輕諾必寡信。所以不想做的事情，一定要從一開始就拒絕，不喝酒就一口都別喝。

27. 從丟錢之後的反應看你的性格

　　假設有一天，你打開抽屜，發現原來放在裡面的一筆錢不見了，這時你會怎麼做呢？

A. 向最有可能動過抽屜的人問清楚

B. 怪自己沒把抽屜上鎖

C. 猜想自己記錯了放錢的地方

D. 找朋友訴苦尋求幫助

測試結果

A 你臨危不亂，但卻容易將錯誤推給他人，自己不敢承擔責任。

B 你缺乏自信，總覺得別人都比你強，因此受到打擊時只會一味地埋怨自己。

C 自信的你無論何時都會堅持立場，但有時太固執，對不同的意見毫不採納，因而限制了自己的發展空間。

D 意外的打擊會使你感到猶如天崩地裂一般，但事過境遷，你又會將它忘得一乾二淨，依舊快樂地生活。

☆【9個增加自信的小技巧】

1. 挑前面的位子坐。

2. 練習正視別人。

3. 把你走路的速度加快25%。

4. 練習當眾發言。

5. 咧嘴大笑。

6. 怯場時，不妨道出真情，便能平靜下來。

7. 對自己用肯定的語氣，消除自卑感。

8. 發現自己的薄弱環節並逐步改善。

9. 培養興趣，做自己能做、喜歡做的事。

28. 你有多幼稚？

如果你是童話故事中想吃掉三隻小豬的大惡狼，你覺得用哪一種方法可以吃掉牠們？

A. 模仿豬媽媽的聲音騙牠們開門
B. 用錘子把門整個砸壞
C. 從煙囪偷偷爬進屋內
D. 等小豬沒戒心自己出來
E. 用煙把小豬熏暈

測試結果

A 你心智成熟，足以當別人的心靈導師，會使用言語溝通的方式跟人家做進一步的交流，處理事情的時候會很有耐心而且能夠摸準人性。

B 直到撞得傷痕纍纍，你才會知道不長大不行了，總的來說比較大男人主義或大女人主義，表面上很成熟，其實內心是非常幼稚的。

C 你自知已經不小了，必須學會獨立自主了，知道做事情要注意方法，在人生的路途中你會慢慢地學習成長。

D 你不但不幼稚，而且成熟得過了頭，小心未老先衰。你對很多事情已經懂得放手，而且知道強求其實是沒有用的，因此會用等待的方式來做事，不管是工作還是愛情。

E 你活在童話世界中，幼稚到極點，跟著感覺走，想做什麼就做什麼，讓大家對你都很擔心。

☆【人漸漸成熟的跡象】

1. 不再跟風，有自己的方向，享受獨處。
2. 獨自能做決定。
3. 不再無聊，合理安排時間，生活充實。
4. 關心政治和經濟，不再僅關心娛樂八卦。
5. 關注健康，有運動的習慣。
6. 更重視親情、愛情、友情。
7. 尊重所有生命。
8. 不再那麼在乎得失。
9. 不過於執著於愛憎，知道每個人都有難處。

29. 你的野心指數有多高？

走進西式快餐店，點好了餐，你會先從下列哪一樣開始？

A. 薯條
B. 漢堡
C. 飲料
D. 甜點

測試結果

野心這件事對你而言，好像有點遙不可及，你是一個心思單純的人，平時對工作也只是打哈哈的心理。

一旦你想表現得很有野心，別人也能一下子看穿你的企圖。

B 你是一個心思頗為直接的人，做事也很直接，從不會考慮太多，更不用說別人的感受了，所以你是一個一心一意往上爬、企圖很明顯的人。

C 你是一個屬於鴨子划水型的人，你從不正面去表達你的意圖，喜歡從側面去打探事情。

有八卦傾向，而且對於野心這件事，雖然內心有，但在表面上卻裝作很討厭的樣子。

D 你真是一個反其道而行之的人，對於野心，你有自己的想法，對於要爭取的事情，你總是用和別人不同的方式進行。

對別人而言，你是個不一般的人物，別人也不會輕易得罪你。

30. 你有多善良？

　　有一天你和他/她大吵了一架，隔天他/她請快遞送來一只箱子，憑直覺，你覺得裡面會是什麼呢？

A. 昂貴的披肩

B. 一定有詐，可能是大便

C. 過去的情書、禮物

D. 空箱子

E. 溫馨的小禮物

 測試結果

A 你屬於長相善良型，其實外表只是你的偽裝，真正良善與否得看以後的造化！

B 你屬於看人善良型，會因特定的人、事、物而激發出善良的一面，你認為雖然不能害人，但防人之心不可無，因此你的防衛心較重。

C 你屬於天生善良型，根本就是上帝派來的天使，要小心被人家騙喲。

D 你屬於年度善良型，猜忌心相當重，大概一年才做一次善事，這種類型的人有時候會想得太多。

E 你屬於後天善良型，你愈老愈善良，你會受到宗教或朋友的影響而激發潛在的善良。

☆ 【人際交往箴言】

1. 假定人都是善良的，真心對待每個人。

2. 挖掘每個人的優點，真誠讚美別人。

3. 朋友要全面撒網，重點培養。

4. 知己可遇不可求。

5. 真誠助人，不求回報。

6. 學會說不，別讓友情成為負擔。

7. 嘗試讓別人來讀懂你，好過挖空心思去讀懂別人。

8. 保持獨立性，不要喪失自我。

31. 嘴邊零食測試你的個性特點

當你肚子有點餓，又不是太餓，而你手邊又有一堆電影、韓劇影片時，你會拿哪樣食物來消遣？

A. 糕點類

B. 披薩

C. 炸雞、漢堡、薯條

D. 牛肉麵、米飯類

測試結果

A 你個性天真、活潑，性情溫和，容易相處，樂於助人，是個標準的樂天派。

B 你具有藝術家的自傲性格，叛逆味極重。你的自以為是最好收斂點。

C 你是個標準的現代人，你討厭孤單，害怕寂寞，感情脆弱，一般而言你缺乏衝勁。

D 你有些憤世嫉俗，對於與他人之間的禮尚往來等，都顯得不耐煩和排斥。

☆ 【改變性格的美食】

1. 「任性多」吃魚，黃、綠色蔬菜及紅蘿蔔，少吃太鹹的食物。

2. 「優柔寡斷」多吃蔬菜少吃肉。

3. 「膽小怕事」多喝果汁，少量飲酒。

4. 「易怒」多吃海產品和含鈣食物。

5. 「粗心」多喝牛奶，多吃捲心菜、紅棗、辣椒。

6. 「多疑」多吃牛肉、豬肉。

7. 「愛嘮叨」多吃瘦肉和粗糧。

8. 「頑固」多吃黃、綠色蔬菜。

32. 從選車看出你人生中最重視的東西

　　假如你個人名下有一部車，在不考慮車價的情況下，你希望它是：

> A. 敞篷跑車
> B. 大型休旅車
> C. 頂級房車
> D. 平價房車

測試結果

A 你最愛的是自由，自認為與眾不同，應該擁有不平凡的人生。

B 你喜歡所有實用的東西，平常對美食與外表的重視，遠遠超過精神上的成長。

C 你最愛的是面子，永遠跟隨主流社會的價值觀。

D 覺得另一半是你人生中最重要的目標。
你認為，如果沒有圓滿的家庭，其他的成功對你都沒有意義。

33. 你的性格弱點是什麼？

假如有一天，你不小心遇見了上帝，祂答應幫你實現以下的一個願望，你會選擇哪一個？

> A. 擁有一個真心朋友
> B. 有一群一起玩的朋友
> C. 讓自己變成大富翁
> D. 學會一門技術
> E. 讓自己的身材和相貌變得更迷人

測試結果

A 你很靦腆，不擅長在人多的場合表達自己。特別是在大的聚會中，你總是覺得不知所措。

太過內向的性格，會讓你錯過很多珍貴的東西。

B 你常有孤獨和空虛感，而且老是封閉自己的內心。

其實，試著敞開心扉，親近他人，釋放自己，你會快樂很多，也會輕鬆很多。

C 你最大的性格弱點就是貪婪。

因為金錢，你常常會吃很多虧。而且，如果以追求金錢為目標，你會生活得非常累。

D 你是個比較外向的人。你愛好廣泛，但是這也導致你容易浮躁，無法專攻一門。

你擅長交際，但對技術卻感到很神祕。你性格上最大的弱點就是無法專心。注意培養你的耐力，會讓你受益匪淺。

E 你最大的弱點就是太在意外界的看法，太在意別人對你的評價。

別人的意見固然重要，但更重要的是有自己的想法和判斷力。相信自己，你的人生會更開闊。

34. 看看你的情商有多高？

　　冬天，在白雪皚皚的山巒之間，一個意氣風發的年輕人正興致勃勃地滑雪。在他前面不遠處有一個大洞，原來那是熊的洞穴，裡面有一隻大塊頭的熊正在冬眠。可是這個滑雪者正忘情於在雪坡上飛馳的快樂，根本沒有注意到潛在的危險。

　　請你想像一下，這個人身上接下來會發生什麼事情呢？

A. 滑雪者剛好掉進洞裡，驚醒並惹怒了正在冬眠中的熊，遭遇厄運

B. 發現熊洞時，他運用滑雪技巧，輕鬆跳過洞口，逃脫厄運

C. 有人及時出現告訴他前面有危險，滑雪者改變了滑雪方向

D. 他在到達洞穴前突然滑倒，僥倖沒有掉到洞裡

測試結果

A 當遇到麻煩事時，你總喜歡往壞的方面想，或在心裡做好最壞的打算，此外，你常把過錯往別人身上推，或歸於外在因素，有時事情不那麼嚴重，卻也會因此變得更加糟糕。

B 你更願意靠自己的努力獲得想要的東西或解決問題，而且對自己的才能也很有信心，麻煩、困難往往會激起你的鬥志，但常因執著於慾望的追求，覺得身心疲憊。

C 你非常珍惜友情，有一定的交際能力，身邊有許多真誠的朋友，遇到困難，常有朋友伸出援手，或遇貴人相助。即便願望一時無法達成，也能以圓滑的方式化解，或以樂觀的心態自我安慰。

D 你心地善良，追求浪漫，喜歡喜劇，做事重視運氣，遇事不順時，更多的是希望時間快快過去，祈求好運快快到來，做事信奉順其自然，對緣分、命運、星座占卜之類的事情有興趣。

☆【如何修練自己的情商】

1. 認識自己：知道自己性格的長處與短處，知道自己的興趣。

2. 管理自己：能夠克制自己的情緒，而不是被情緒所左右。

3. 激勵自己：身處逆境時要學會左手溫暖右手，自己激勵自己。

4. 識別他人：識別他人的性格、需求、動機。

5. 管理與他人的關係：站在對方角度思考問題，運用雙贏思維。

35. 你容易上當受騙嗎？

　　假如你被某地的惡霸冤枉而入獄，判了10年徒刑。你決定逃出監獄找惡霸算帳。那麼，你會選擇一間怎樣的牢房？

A. 裡面有紙和筆的
B. 有一面牆是整塊的玻璃
C. 裡面有一把生鏽的鋼銼
D. 牢房門口掛著這間牢房的鑰匙

測試結果

Ａ 你相信人性、相信溝通。但溝通往往是靠不住的。

B 你容易被環境或氣氛所感染，進而落入對方的圈套。在充滿浪漫氣息的音樂聲中、在花園裡或在派對上，你可要小心一點。

C 你只相信自己的努力，因此是最難受騙的。

D 你最容易受騙。因為鑰匙雖然掛在門口，但當你伸手去拿時，卻正好勾不著它。

36. 從米飯吃法看你擁有的優點

　　如果在你面前有鍋剛剛做好、熱騰騰的白米飯，你會選擇哪種吃法？請從下面選出你最喜歡或最想吃的一種。

A. 加上些許菜汁

B. 做成海鮮燴飯

C. 加上一顆雞蛋

D. 加上一些紫菜

E. 加些酸菜、蕗蕎

F. 加上海鮮醬

G. 加一條沙丁魚

H. 做成鰻魚飯

測試結果

A 你腦筋轉得快，喜歡在群體中引領話題。就像舉一反三這個成語一樣，你領悟力極高，但有時也要注意傾聽別人的聲音。

B 你的自我表現欲極強。你會時時注意週遭的動向，並富有極強的行動力。

C 你對自己的體力相當自信，或者是希望自己能擁有好體力。你平日的動作幅度極大，聲音也很大，是一個運動能手，精於各樣運動。

D 你個性溫和，平日裡從容不迫，不善與別人爭奪或競爭，更不可能與人吵架。

E 你擁有單純且坦率的性格，不善思考困難的問題，能夠快速得到結論才好。你對別人的話深信不疑，是個標準的好人。

F 你擁有一顆赤子之心，討厭一直做著麻煩的事情，且由於個性溫和，會儘量避免與人爭鬥的情況發生。

G 你喜歡受到大家的關注，討厭平凡的事物。你擁有對任何事都會認真去做的積極個性，但有時略顯性急。

H 競爭對手愈多，愈能燃起你的鬥志。因為無法靜下心來，所以你較不擅長始終做著同一件事，但由於擁有熱情，你在工作上較容易取得成就。

☆ 【如何讓人喜歡你】

1. 出門前照照鏡子，給自己一個自信的微笑。

2. 善於發現別人的優點。

3. 讚美別人。

4. 主動、付出，別冷場。

5. 接受別人遞過來的零食。

6. 多請人幫你小忙。

7. 用心傾聽，不打斷對方的話。

8. 說話有力，能感受到自己聲音的感染力。

9. 說話之前，先考慮對方的感受。

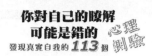

37. 從蓋房子看出你的性格

如果你有塊地是用來蓋養老用的房子的,你會蓋在哪呢?

A. 靠近河邊　　　　B. 森林邊
C. 靠近湖邊　　　　D. 深山裡

測試結果

A　你坦率、不拘小節,富有同情心,容易與他人相處。你勇於追求自己的理想,能讓人輕易感覺到你身上強勁的行動力,給人以鼓舞。總是抱著樂觀進取的態度,有時也會有孩子氣的舉動。

B 你的表達能力強，想像力豐富，常因胡思亂想而多愁善感，遇事容易鑽牛角尖。容易沉醉在羅曼蒂克的感覺與別人的甜言蜜語中，對愛情總是既期待又怕受傷害，通常不顧現實只跟著感覺走，讓人捉摸不透。

C 你做事總是深思熟慮、公私分明，生活可能比較拘謹嚴肅。你是個冷靜、相當容易妥協的人，遇到壓力會自己默默承受。

D 你喜歡多變刺激的事，是個有心機的人。只要你決定了的事，就很難考慮別人的感受。你對任何事都充滿企圖，信心滿滿而且愛表現自己。

☆ 【馬上變得更幸福的四個方法】

1. 錢要花得有價值，幸福跟賺多少錢沒關係，關鍵是怎麼花。
2. 關注內心，而不要一味追求外在的目標。
3. 用非物質的方法去定義優質生活，而不是用房子、名車來衡量。
4. 在消費的過程中養成控制金錢和時間的意識。

38. 睡姿反映你的心理狀態

　　睡姿，是受意識控制極少的下意識動作所呈現出來的姿態，所以它所傳達的信息很少具有欺騙性，能真實反映人的心理狀態。你屬於下面哪一種睡姿呢？

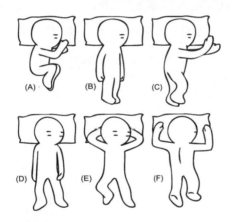

(A)　　(B)　　(C)

(D)　　(E)　　(F)

測試結果

 胎兒型睡姿：

　　這種蜷縮成胎兒姿勢的人，外剛內柔，堅強的外表下有一顆敏感的心。

你第一次見到別人的時候可能會害羞，但很快便能放鬆。拱起的背部構成強有力的自我保護，當人正遭受痛苦挫折時，這種睡姿讓人最有安全感。

B 樹幹型睡姿：

身體偏向一側，雙臂向下伸展，順貼在身上。採用這種睡姿的人大多性格開朗，愛與人交往，在很多情況下顯現出領導才能和號召力。不過你容易輕信他人，過於天真。

這種睡姿是悠閒自得的心境的體現，對近期的生活、工作或學習狀態比較滿意。

C 思念型睡姿：

身體偏向一側，雙手向外伸展，與身體形成直角。你喜歡與人交往、性格外向，易融入團體。不過採用這種睡姿的人較多疑，有時甚至有點偏激和憤世嫉俗，很難接受不同意見。思念型睡姿是冷戰或逃避問題的一種折射。

D 士兵式睡姿：

完全仰面平躺，雙手緊貼身體兩側。喜歡這樣睡覺的人一般性格內向，比較保守。

你會一絲不苟地遵守嚴格的標準，久而久之會不自覺地嚴格要求別人。

E 海星型睡姿：

身體平躺，雙臂稍稍上舉抱枕，這類人樂於助人，是非常好的傾聽者，對人慷慨，朋友很多，但不喜歡成為焦點。

F 自由落體型睡姿：

俯臥在床上，雙手抱枕，臉偏向一側。這類人易緊張，一般比較好動。

常因缺乏預見性而行事魯莽，你對別人的批評一般不能虛心接受。

39. 從設密碼看你的性格密碼

　　在人們的生活中，很多地方要用到密碼，你那些密碼都是怎麼設置出來的呢？告訴你，從你設密碼的習慣可以看出你的感情弱點哦！你是如何「製造」出你的密碼的呢？

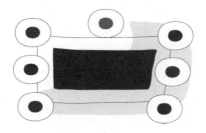

A. 生日或電話號碼

B. 學號

C. 身分證號碼

D. 沒什麼邏輯，只有你自己知道的數字

E. 每一組密碼都不一樣

F. 生命中的特殊日子

測試結果

A 你是個大刺刺的人，對生活中大部分的事情都覺得無所謂，因此你算是個比較容易相處的人，做朋友很合適。

B 你個性單純，優柔寡斷，常會猶豫不決。追求你的人必須是一個性格開朗的人，而且對你坦誠直接，不拐彎抹角。如果他/她的個性較為果斷，有時能夠替你決定一些事情，會使你更加傾心於對方。

C 你不會主動說人家是非，但如果遇到別人討論，會忍不住湊過去說幾句；如果你遇到一些頗為新奇的事情，也會忍不住和朋友分享。對於感情，你喜歡觀察和測試對方，看看與自己是否適合。

D 你心思縝密，有城府，因此別人跟你相處時間長了就不想跟你太交心。不過因為你的冷靜和客觀，在別人遇到困難需要幫助時，你常常能給人家提出好的建議。

E 你做事隨心所欲，不太在意別人怎麼想。要討好你這種愛人，是相當難的。

所以要麼就是對方比你更難捉摸，讓你抓不住他/她；要麼就是個性非常沉穩，讓你很有安全感。

F 你對於身邊流傳的一些機密，多是聽聽而已，更不用說會告訴其他人啦！在感情問題上，你算是個外冷內熱的人。

你希望對方是一個相當懂你的人，並且能夠擁有一段真誠、深刻的感情。

40. 詭祕圖片看穿你的本性

這是一位著名畫家設計出的圖形。看到這張不可思議的圖，你聯想到了什麼東西呢？

A. 森林 　　　　　B. 外國的墓地

C. 鬼的臉孔 　　　D. 站著的人

E. 月球的表面

測試結果

A 你對任何事都會以常識來判斷，很容易就相信人，不會和任何人吵架，時時處於溫和狀態，非常好相處。

B 你是理論家，擁有淵博的知識和豐富的涵養，你能利落地處理每一件事情，自己的想法也能順利地表達出來。

C 你看起來有點疲倦，似乎做什麼都感到麻煩，因此懶得動手去做。你必須跳出這種情形，透過運動或旅行來轉換情緒是不錯的選擇。

D 你很慎重，分析力和觀察力也很強，能觀察到別人注意不到的地方。你認為可以信任的人，會和他傾心交談，並希望他能瞭解你的想法。

E 你的直覺和幻想能力都很不錯，你看起來比實際年齡還要年輕。你喜歡熱鬧的生活，同時非常有見地，對於事情的判斷也很準確。

☆ **【影響你進步的15個壞習慣】**

1. 拖延成性。　　2. 表現成癖。

3. 不願傾聽。　　4. 懶於改變。

5. 自視過高。　　6. 取悅他人。

7. 文過飾非。　　8. 斤斤計較。

9. 不動腦子。　　10. 缺少準備。

11. 儘是幻想。　　12. 害怕衝突。

13. 容易沮喪。　　14. 亂丟垃圾。

15. 缺少恆心。

41. 從餓肚子看你的倔強程度

今天放學，你碰上了大塞車，碰巧還沒吃午飯，回到家時的你，已是飢腸轆轆；更慘的是，爸媽今天要請客人到家裡吃飯，而客人又還沒到。一向家教很嚴的你，當然不敢先開動。這時你會怎麼做呢？

A. 婉轉地告訴爸媽
B. 即使餓死，也執意要等下去
C. 餓死人不償命啊，管他三七二十一
D. 先找些零食，泡個麵什麼的，墊墊底

測試結果

A 你的心事都不經大腦，就敢去做！而且做事從來不問別人的感受，只要你想做，世上是沒有人能阻擋得了你的任何計劃的！

B 你真是倔強得可以，死要面子！若是你這股狠勁發揮到工作上，會是前途不可限量之人。

C 你是個非常可愛的人，做壞事也要拉人下水！然而由於你的能說會道，的確也有好些人無法拒絕你。更由於你有絕佳的細密心思，做事不會瞻前不顧後的，所以你的人緣通常是不錯的。

D 你的競爭心、不願服輸的心很強，致使你常常會因太過衝動而行為失控！

☆【善待性格倔強的孩子】

性格倔強的孩子常常令父母感到頭疼，試試這樣做：

1. 避免使用簡單的命令和暴力，當孩子心平氣和時，用親切的語言去融化他。

2. 抓住關鍵、抓住重點，不要每一件瑣事都去限制，去發布命令，要留有餘地，給他轉變的時間。

3. 將功補過，激發他對榮譽的渴望。

你的報復心理強烈嗎？

如果哪天你真的遇到歹徒持刀搶劫，旁邊有些可以充當武器的物品，那麼你情急之下會拿起哪件來反抗？

A. 旗子	B. 椅子
C. 刀子	D. 石頭

測試結果

 你是個很懂得動腦筋的人。當有人得罪你時，你不會當場發作，而是暗中等待時機報復，例如揭他隱私、攻他痛處，讓對方恨你恨得牙癢癢，卻又無可奈何。

B 你愛恨分明，當有人冒犯你，你的反應也很直接，好惡全寫在臉上。如果對方肯道歉便罷，若不道歉又繼續不客氣的話，你一定讓他吃不了兜著走。

C 你很重視朋友，心裡容不下對方的背叛與出賣；當被對方傷害時，你會「以其人之道，還治其人之身」。你也只會報復一次，以後也不再是朋友。

D 你是標準的「狡兔三窟」，當你覺得對方實在不可原諒，想給他點顏色瞧瞧時，你也早已留好後路，並借刀殺人，把對方賣了還讓對方替你數錢，這也是你的本事。

☆ 【最好的報復方法是忘記】

有的男人會去招惹很多女人，他的潛意識裡，就是要讓她們恨他。

恨，使一些人記住了這個原本不值得記憶的人；恨，使一個平庸的傢伙顯得非常重要；恨，讓一個女人上了一個當以後，繼續上下一個當，最好的方法是，忘記這些乏味的人，讓自己過得更好。

43. 你有多自戀？

如果你有了足夠的金錢可以買下自己理想中的工作間，你會選擇在哪種環境裡面工作呢？

> A. 將上海蘇州河畔有百年歷史的大倉庫改造成藝術工作室
> B. 像巴黎羅浮宮門前的玻璃金字塔那樣的地方
> C. 草原上的小木屋
> D. 高檔辦公室

 測試結果

A 你不僅不自戀，而且還有點自卑。外表冷酷的你，其實有顆藝術家般火熱的心，雖然你表面上總拒人於千里之外，其實你只是因為底氣不足。真正的你既不自戀也不自大。

B 沉浸在幻想裡的像兒童一樣的你，總以為世界沒了你就不轉了，你不但夠自戀而且還很會幻想！雖然你有資本，但也不是什麼都是第一！

C 你的自戀程度屬於中等。首先，你毫無疑問地很喜歡自己；其次，你還很懂得怎麼樣去喜歡自己——欣賞自己，並且不會因自戀而惹人厭煩。這就是功夫！

D 你是個典型的自戀狂！是不是一切有反光屬性的物體在你那裡都會變成鏡子的替代品？就連電梯的金屬面也不放過？還要每天顧影自憐，對著鏡子來幾句：「Oh, I love you!」雖然大伙並不否認你真是很帥很養眼，但是你可真是非常自戀。

44. 你幸福嗎？

如果要畫一隻鳥和一個人的話，你會如何構圖？
你會選擇以下的哪一種呢？

A. 一個人正看著籠中的鳥

B. 一個人正追著飛走的鳥

C. 一隻鳥停留在一個人的肩上或手上

D. 一個人正向飛遠的鳥招手

E. 一隻鳥在空中飛著，而這個人對這隻鳥毫不在意

測試結果

A 你的幸福其實已近在眼前了，但是卻受到了一些阻礙，讓你遲遲無法如願以償，也許是家人反對你們的婚姻，也許是你自己有無法克服的心理障礙。

B 你正在為自己的幸福而努力，急欲抓住自己的幸福，正處於身心俱疲的狀態中，如果眼前你認為的幸福並不是真正的幸福的話，那你可就要做個決斷嘍！

C 你現在正處於最幸福、最滿足的狀態中，每天都覺得很快樂，可能是你找到了自己的目標、最愛，因此你覺得自己是世上最幸福的人了！

D 你正等待著幸福的來臨，並且是以一種平常心來等待，人生中有許多事是要自己去爭取的，機會稍縱即逝，可千萬大意不得！

E 你對幸福似乎沒什麼特別的感覺，現在的你相當淡然，或許你經過了一些事情之後突然想開了，對人生也有了另一番見解了！

45. 你的心胸有多寬廣？

假如你來到了一片森林裡，沿著一條彎曲的小路
向深處走去，你覺得會遇到什麼呢？

A. 人
B. 動物
C. 土著
D. 仙女
E. 任何東西

測試結果

A 你是一個心胸狹隘之人，相信時間會將你的鋒
芒漸漸磨平，並讓你明白該何去何從。

你有時難免會陷入思維的死角，遇事多提醒自
己放輕鬆、看開點兒。

B 你的心胸可以說是有點狹窄，因此你絕不會與
自己性格相異的人交往。

對戀人的要求也非常嚴格，委曲求全的事你絕
對不屑一顧。

C 你的心胸還算寬廣。你對戀人的寬容,其實是你體驗不同性格的人的一種挑戰。

這種戀愛心理,似乎有些過於自信與驕傲,小心誤人誤己。

D 你是個不愛發脾氣的人,你喜歡的戀愛方式是經過沉澱而醞釀出來的。

你能包容戀人的一切,但一味地忍氣吞聲,可能會讓對方得寸進尺。

E 你不僅心胸開闊,而且還很博愛。你不怎麼發脾氣,能包容朋友的一切,是大家眼中的老好人,但總是缺乏創新,如果能夠敢作敢為,可能明天的生活會更好。

你是喜歡冷戰的人嗎？

辭職創業之後，你有了自己的私人辦公室，作為
一個個性化的辦公室，你會為自己挑選怎樣的窗簾？

> A. 復古的竹簾，帶來雅致的格調
> B. 左右兩邊可以拉開的淡色窗簾，像家一樣溫馨
> C. 單邊拉開的大窗簾，開闊、大氣、節省空間
> D. 裝上百葉窗，辦公室不都這麼裝嘛

測試結果

Ⓐ　你是「冷戰主義」的狂熱粉絲，對待人際問題，
你超級喜歡甩出「冷戰牌」。奉勸你，面子誠
可貴，感情價更高！

B 你信奉「事物都有兩面性」的原則，如果你發現事情其實錯在自己，你會慢慢地轉變自己的態度；但是如果是對方有錯，你絕不會善罷干休！

C 你最討厭的就是冷戰，你喜歡什麼事情大家攤開來說，即便有怒氣，來得快，去得也快，很少和人鬧到冷戰的地步。

D 你對冷戰的態度是因人而異的，對於一般的人，你的態度就是，要冷戰就冷戰，我也懶得理你；對於很在乎的人，只要稍微冷靜下來，你就會趕緊去「維和」。

47. 透過燈洞悉你的內心

獨自待在自己的小屋裡，如果點亮房間的燈，就能趕走黑暗和寂寞。此時，你想要打開的是哪一盞燈呢？

A. 足以照亮房間每一個角落的富麗堂皇的大吊燈

B. 沿屋頂邊線排列的一圈或一排小頂燈

C. 輻射範圍不大，但可以照亮你一個人的視線的小檯燈

D. 什麼燈也不開，只是靜靜坐在窗邊，看著外面昏黃的月光和路燈

 測試結果

A 對你而言，燈火這一角色只能由他/她一人扮演。在你這裡，他/她是無所不能的，某種程度上他/

她就是你的全部。你的被呵護幾乎是和被征服畫等號，失去他/她對你而言就是失去了依靠，後果是不可想像的。

B 開朗外向的你不會將喜怒哀樂都繫於一個人身上，沒有一個人在你的精神世界中占有支配地位或是壓倒性優勢，你生活的樂趣來自許許多多的人，就算其中一個人傷害了你，你也會很快走出來。

C 你低調務實，你要的光明並不需要多麼耀眼，只要能體貼入微地照著你一個人就夠了。不管是誰扮演這一角色，你都可以容忍他/她的小脾氣和沒本事，只要對你好就足夠了。

D 在你身旁沒有一盞燈能擔當照亮你的世界之大任，你把這一任務交給自己，你在風雨中苦苦掙扎卻始終獨立寒秋，堅強是你的寫照。

48. 在你的心裡，什麼最重要？

夜晚獨自一人在野外時，突然一隻野貓從你眼前閃過，這時你心裡會怎麼想？

A. 嚇死人了，哪來的野貓？

B. 那隻貓是被什麼東西嚇到了嗎？

C. 那隻貓是什麼品種？到底是什麼顏色？

D. 幻覺！一切都是幻覺，嚇不倒我的。

 測試結果

A 你的事業心很強，工作或學業對你來說最重要，如果沒有將這些事情做好的話，即使生活過得再豐富，週遭有再多新鮮有趣的事情發生，也會讓你覺得無趣，進而無法盡情地享受生活中的美好。

B 你喜歡廣交朋友，認為朋友可以帶給你許多歡樂，也覺得和不同朋友圈的人相處，可以學習到許多為人處世的技巧，因此朋友對你而言最重要。

除了平常聚在一起之外，發生狀況時，即使是為朋友兩肋插刀，你也是在所不惜！

C 你認為家庭是生活的基礎，也堅信擁有一個美好的家庭，才能夠成就美好的人生，因此你相當重視與家人的相處。

假日可以安排家庭聚會，讓家人之間更親密，你為了家人甚至可以犧牲一切，即便是拋棄自己的夢想也心甘情願。

D 唯有愛對你來說才是真實的一切，如果失去了愛，你會覺得人生瞬間變成黑白色。只有愛情才能讓你真正感受到生活中的喜怒哀樂。

你相當重視情人的眼光和想法，可以為了愛付出所有心力，但小心別為了愛做出讓週遭的人都不理解的愚笨舉動！

☆ 【什麼最重要】

1. 思路清晰遠比賣力苦幹重要。

2. 心態正確遠比現實表現重要。

3. 選對方向遠比努力做事重要。

4. 做對的事情遠比把事情做對重要。

5. 擁有遠見比擁有資產重要。

6. 擁有能力比擁有知識重要。

7. 擁有健康比擁有金錢重要！

49. 你是個什麼樣的瘋子？

　　神仙給了你一個機會：他一揮手把你帶到了你生平最恨的人家裡，仇人正好不在家，你可以任意毀壞他/她的傢俱、電器、用品等。如果有四樣東西讓你選，你會先選擇毀壞哪一樣？

A. 投影電視　　　　B. 波斯地毯

C. 馬桶　　　　　　D. 大衣櫃

測試結果

A 你是個理智的瘋子，屬於比較善良的一類人，你周圍的朋友必定不少，因為你很容易被別人接納。說你是瘋子過分了點，其實只是有些精神分裂。

B 你是個很記仇的人，當你被仇恨沖昏了頭腦的時候，你會是個可怕的瘋子，你對仇人下手決不留情。希望你以後遇事保持清醒的頭腦，世上沒有後悔藥可吃。

C 你是個很可愛的瘋子，發瘋的時候也不忘搞笑。你發瘋的時候很多，但造成的危害不大，很多人樂於和你這種半瘋半醒的人在一起，以尋找生活的樂趣。

D 你是個不折不扣的瘋子！你驍勇、好鬥、殘忍、精明且體力超出常人！有時候你會莫名其妙地想毀壞一些東西，哪怕這些東西跟你毫無關係，你的突發性思維很發達，別人根本不知道你下一步又要幹什麼。精神病院和恐怖分子也數你這種人最多。

☆【一句話心理學】

人，要記事不能記仇，記事可以增長知識，記仇卻只會增加煩惱。

50. 你的第二性格是什麼？

如果你的另一半臨終前要送你最後一樣禮物，你希望是什麼？

A. 一筆錢

B. 一個祕密

C. 一棟房子

D. 一本日記

測試結果

A 追求完美的你每次都努力表現到最好。具有「表演性格」的你，雖然在別人眼裡已經是滿分了，可是自己卻還希望可以做到更好，因此常會給自己無形的壓力。

B 具有不服輸個性的你挫折越大越能激發你的韌性。具有「賭徒性格」的你非常強悍，覺得任何的挫折和困難都無法把自己打倒，遇到再大的挫折都能很快站起來。

C 需要安全感的你害怕受傷害，容易變得自閉。你具有「懷疑性格」，缺乏安全感，不管是金錢、工作或是成就感上，當安全感不足時，你就很容易患上自閉症。

D 注重隱私權的你會盡力維護自己的私密空間。你具有「保護性格」，公私分明，在工作的時候會盡情地發揮，可是在私下裡希望跟家人或朋友待在被保護的空間之內，這樣會覺得比較自在，可以盡情釋放另一個真實的自己。

☆ 【祕密有所保留反而更健康】

心理學家指出，大多數正常的成年人都具備過雙重生活的潛質。模仿別人、嘗試扮演和自己完全不同的角色，不只是小孩子扮家家酒的遊戲。

人具有多面性，許多人為此承受著巨大的壓力。如果祕密最終暴露，人們要麼攤牌，重新做出選擇，要麼會產生人格分裂。

51. 你外表下隱藏著什麼個性？

你的房間有一扇窗，可以眺望外面的風景。如果現在要加上窗簾，你會選擇以下哪一種花樣？

A. 素色的

B. 方格的

C. 花朵款式的

D. 百葉窗式的

E. 白紗的

測試結果

A 你是一個工作與私生活分得很清楚的人，不管在外面怎麼拚命，下了班之後卻不希望被公事困擾。所以你喜歡的對象也是能夠將工作和生

活協調得很好的人，在事業上有穩定的基礎，
卻又不是工作狂，懂得安排休閒生活。

B 你是一個很平和的人，注重安全感，對自己的
一切都規劃得很好。你的個性慎重內斂，不喜
歡與別人爭得頭破血流，所以太過累人的感情
是你一點也不想碰的。

你喜歡的對象年紀會比你大一點，性格成熟、
穩重，讓你有放心依靠的感覺。喜歡的方格愈
大，這種傾向愈明顯。

C 你生活在一個單純的世界中，從小到大都還算
順利，沒經歷過什麼大的挫折。所以你對人生及
未來是相當樂觀的，喜歡結交朋友，喜歡的對象
也會是個性開朗、像孩子一樣無憂無慮的人。

D 你的個性獨樹一幟，對於自己及他人的要求都
蠻高的。你不喜歡把時間浪費在無意義的事情
上，而是喜歡把時間放在追求理想上。

你喜歡思考，看事情也相當透徹，不喜歡自己
的私生活被人干涉，會和朋友保持一定的距離。

挑選戀人方面的要求也不少，但是你不會將太
多時間放在談戀愛上，會喜歡與自己條件相當、
相處起來較容易的人。

E 你的個性多愁善感，常常被自己的情緒左右，以致正事都做不好。

你認為心情是做一切事情的原動力，當你處在愉快美好的情緒中時，不管多艱難複雜的事情，你都甘之如飴；相反，如果心情不佳，就算該做的事情你也提不起勁。

你容易被有特殊才華的人吸引，可能會陷入感情的深淵之中。

☆【飲食改變性格】

一般愛吃甜食的人熱情開朗、平易近人，愛吃酸的人大多有事業心，愛吃辣的人大多有主見。

心理學家發現，有意識地選擇食物可以逐步改變一個人的性格。

52. 你內心墮落嗎？

突然間想要幫媽媽一點忙，於是就打掃房間，可是卻弄壞了對媽媽來說很重要的東西！你認為這個東西是？

A. 和爸爸聚在一起時愛用的馬克杯
B. 非常漂亮的玻璃花瓶
C. 在結婚紀念日買的高級水晶酒杯
D. 穿衣鏡

 測試結果

A

你是害怕墮落派。

和爸爸聚在一起時用的馬克杯什麼的，或者很具生活感，或者是非常平民化的物品，所以，墮落跟你有點距離！你其實是個很正經的人。

B 你是渴望墮落派。

你有不管怎樣都不可以大肆破壞既有概念的心理，無法踏出第一步是不是很讓人心急啊？

C 你是已經墮落派。

水晶酒杯什麼的，不但非常高級而且是很重要的東西。所以弄壞它，是表示你墮落的願望很強烈，應該已實際做過了。

D 你是正在墮落派。

穿衣鏡等能照出全身的東西，只要有一點破損就會很糟糕！其實只要有機會，你馬上就會踏出下一步！

53. 你是健忘的，還是擁有超強記憶力的？

你最愛下列哪一種呢？

> A. 茂盛的大樹
> B. 青嫩小苗
> C. 芳香的花朵
> D. 結成纍纍果實的植物

A 你一向沉穩，交代給你的事情絕對不會出任何問題。

你心思細膩，做事也有條理，可以把千頭萬緒的問題，處理得井井有條。

B 你的迷糊個性，十分讓家人擔心，深怕你哪一次會忘記家裡的住址。

你有依賴性，習慣於讓人家來為你收拾殘局。

C 你有點健忘，常常丟三落四，不過都是些小東西，比較重要的事情，你還是會很慎重地記下來，不至於誤事。

D 你表面上看起來不拘小節，粗心大意，其實你想得很深入，把什麼都記在心中。只有得到你信賴的好友，才知道你在想什麼。

你對小事會記很久，雖然不至於鑽牛角尖，但是心裡藏了那麼多祕密，也是很辛苦的。

54. 從選雨傘看你的自戀程度

上班途中突然下大雨，你走入便利店中打算買一把雨傘「應急」，眼前有四款雨傘，你會選購哪一款呢？

A. 動物圖案的雨傘　　B. 圓點雨傘
C. 折疊雨傘　　　　　D. 淨色雨傘

測試結果

A 你對自己的外形很有信心，有點孤芳自賞，認為自己的優點旁人未必會懂得欣賞。

B 你自知外貌不算十分標緻，屬於可愛型，你個性樂觀開朗，親和力十足，出席任何聚會總有很多人與你聊天。

C 你自戀程度高得爆表，你每天會用大約九成的時間來照鏡子，即使可映照你模樣的物體是一攤水，你也會以欣賞的心情去望幾眼。

D 你自信十足，總會不時向身邊人放電，認為老天對你這麼寵幸。自戀程度甚高的你，會終日打滾於情場，以傾倒眾生為己任。

☆【如何治療自戀】

對於自戀型的人來說，光拋棄自我中心觀還不夠，還必須學會去愛別人，唯有如此才能真正體會到放棄自我中心觀是一種明智的選擇，因為你要獲得愛首先必須付出愛。

生活中最簡單的愛和行為便是關心別人，尤其是當別人需要你幫助的時候，只要你在生活中多一份對他人的愛，你的自戀症就會自然減輕。

55. 你對自己的什麼感到不滿？

週末家裡剛剛換了新窗簾，你認為窗簾是什麼顏色的呢？

A. 白色	B. 灰色
C. 紫色	D. 藍色

測試結果

你對目前的學習狀態非常不滿。你的學習壓力很大，整天就糾纏在分數上，你甚至對自己感到絕望，也不知道該如何規劃未來。建議你勇敢面對學習上的不足，放鬆心情之後再一一面對學習上的難題。

B 目前你對家人很不滿。或許你父母之間出現了感情危機，而且問題的關鍵在你父親身上，你對他相當有成見。建議你試著跟父母溝通一下，幫他們化解矛盾，畢竟是一家人嘛，別留下難解的心結！

C 你對目前的經濟狀況不滿。你想買好多東西，並且始終認為父母給的零用錢太少，不能滿足你內心的需求。建議你在課餘時間做一些兼職工作，靠自己的能力賺錢試試看，也算是對生存能力的考驗吧！

D 目前你對自己的能力不滿。現在的你很絕望，無論是工作、學習還是人際交往，似乎處處都亮起了紅燈，你非常迷惘，時常有種心有餘而力不足的感覺。建議你做事前先評估一下得失，按計劃行動會比較好。

☆ **【心態不好的時候，到這幾個地方看看】**

1. 孤兒院。遠離了親人的溫暖，是人生最大的不幸。

2. 邊遠山區。貧窮沒什麼，正視現實，生存才是硬道理。

3. 醫院。生命最值得珍愛，其他皆是浮雲。

4. 墓地。你擁有得再多，最終亦是殊途同歸，適當降低物慾的追逐——心態平衡了，你救贖的也正是你自己。

56. 從指路測你的性格

有個年輕異性向你問路,而恰好與你要走的方向相同,你會如何?

A. 告訴他/她方向相同,可以一起走。

B. 很詳細地告訴他/她,再從後面跟著。

C. 你會默默地帶他/她到目的地。

D. 告訴他/她走法,自己另走一條路。

A 人生何處不相逢,這是一種緣分,你能藉此同行,可說是個善於利用機會的人。

你做事負責,也能有涵養地為對方著想,懂得尊重別人。

B 你把自己的事和別人的事分得很清楚,但不會只告訴人家方法,而自己擺脫。

你喜歡跟在人家的後面求安全,也許由於這些,你得到許多成功的機會。

C 你是個只顧自己、自求滿足的人。你無視對方的困難,一味強求,因此會樹敵;但因為你的態度強硬,也有不少人會跟著你走,你是屬於政治家型的人。

D 你意志軟弱,討厭人家誤解或低估你。一旦被人請托,又覺得是一種負擔,感到厭煩。

你沒有意氣相投的朋友,也沒有敵人,是個風格相當獨特的人。

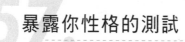

暴露你性格的測試

　　站在熙熙攘攘的街道上，在來來往往的人群裡，沒有目的的你看到：在街道的一端站著一個孩童，穿著髒兮兮的衣服，提著一箱行李，孩童的前方是兩手空空的母親，表情怡然，孩童邊走邊哭。感慨萬分的你是怎麼想的？

A. 狠心的媽媽，可憐的孩子
B. 媽媽在訓練孩子
C. 媽媽使用了錯誤的教育方式
D. 孩子犯了錯

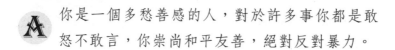

測試結果

A 你是一個多愁善感的人，對於許多事你都是敢怒不敢言，你崇尚和平友善，絕對反對暴力。

B 你是個性格較為火暴的傢伙，在你看來「只要我想，沒什麼不行」。本性善良的你，只是較為沉不住氣，容易暴怒，忍一時之氣，必能海闊天空。

C 溫和的你在別人眼中是個不到忍無可忍的地步就絕不爆發的老好人，但是一旦你爆發了，就不是開玩笑的。

D 處事小心謹慎的你，平時寡言少語，習慣按照自己的方式生存的你，可能在某些人眼中會有些高傲、孤僻，注意人際關係，能使你更加如魚得水。

☆ 【7種良好的心態】

1. 對於工作，我們努力但不瘋狂。

2. 對於購物，我們量力而為，不攀比。

3. 對於娛樂，我們愛好但不喪志。

4. 對於家庭，我們忠誠但不刻板。

5. 對於金錢，我們喜愛但不貪婪。

6. 對於享受，我們追逐但不放縱。

7. 對於愛情，我們相信但不迷失。

希望這些你都擁有。

58. 看背影測試性格

看看畫中正面走來的年輕男人，你認為他正在凝
視哪個女人呢？

你認為自己的體態極具魅力，能引起異性的注
視。你對女人所應具有的優雅氣質和智慧，也
時常在思考，並且希望自己能擁有更完善的氣
質及智慧。你對社會抱有相當大的責任感，能
參考周圍人的意見，並且加以採納，而不會固
執己見。只要是能夠施展技術或才能的工作，
你都會非常努力地去進行。

B 你是否對自己的體態感到不安？太胖了吧？只要身體稍胖，你就會非常不安，希望自己再瘦一點，可是一想到要運動，要節食，就沒有勇氣了。你愛挖苦人，情緒也陰晴不定。

C 現在的你只希望維持現狀，不愛冒險，而較喜歡一步步踏實地前進。無論是儲蓄或是利用年終獎做投資的計劃，都非常適合你，你是個腳踏實地，不崇尚虛幻事物的人。

D 你是個悲觀主義者，總把事情往壞的方面想。你喜歡直截了當地去與對方交流，而不會考慮對方的立場，所以容易導致周圍人的誤解，而且常會因小事與人發生口角，所以你的心情總是不好。現在的你要讓對方循序漸進地瞭解你，操之過急對你是非常不利的。

E 現在的你也許正處在強烈的不滿或具有爆發性的焦躁感中，這人的背影，是最會給人男性化印象的。在你心靈的某處，似乎有著對同性的憧憬。

59. 你的心理年齡到底有多大？

如果你能變成一種長期生活在水中的動物，你想變成以下的哪一種呢？

A. 獨立游動的海蛇
B. 姿態美麗的珊瑚
C. 自由自在暢遊的魚群
D. 兩條優雅、色彩鮮艷的熱帶魚

測試結果

A 海蛇屬於獨立活動的生物，選擇海蛇的你是堅韌不拔、不達目的決不罷休、凡事都有主見的人。天生具有強烈的使命感，無論大事或是小事，都會全力以赴，所以能夠得到周圍人的信任。心理年齡比生理年齡更加成熟。

B 珊瑚是不自由的海洋生物，選擇珊瑚的你缺乏行動力，常常說的多，做的少。內心十分渴望他人的照顧，有戀母情結。

雖然你的外表看起來還蠻成熟的，但是你的心理年齡可能停留在小學階段。

C 選擇集體活動的魚群，代表你害怕寂寞，不喜歡獨處。你不論大事或是小事，都需要與親朋好友討論才能做出決定。

親朋好友是你生活上的重大支柱，你的心理年齡不太大！

D 選擇兩條熱帶魚，代表你具有強烈的責任感和企圖心，生活起居方面獨立自主。在職場上也會有不錯的表現，頗得上司與同事們的喜愛。

整體來說，你屬於成熟穩重類型的人，心理年齡蠻符合你的生理年齡。

60. 你究竟懶惰到什麼程度？

　　父母叫你去鄰近的市場買菜，這個地方你從沒去過，也不知道菜價，你十分不安。那麼下面的店舖中，你會先去哪一家？

> A. 只有　種蔬菜的攤位
> B. 什麼都有的小雜貨鋪
> C. 熟食店
> D. 有各種魚的店舖

測試結果

你的懶惰只顯露在你討厭的事情之上，平時不會很懶，且會讓人覺得很勤勞，但是在你討厭的事情上，讓人一看就知道你想偷懶。

B 你是個偷懶高手，在別人看來，你是個很忙碌的人，一絲不苟，又懂得抓緊時間，可是在你的腦袋裡根本什麼都沒有，因為你正在偷懶。

C 你是懶到骨子裡的人，會為自己的懶找各式各樣的理由，然後懶洋洋地「品嘗人生」。

D 你的懶惰表現在你的無知上。即使不知道，你也不會去問，任由這個問題擱置下去，或是很多事情你都是一知半解，別人為解決問題而煩惱，你卻樂得清閒。有時你裝著不懂，然後把一切事情交給別人去做。

☆ 【行動決定態度】

態度往往不能決定行動，反而是行動有時候決定了態度。人們總是為自己的懶惰尋找各種理由和藉口，但從來不曾因此受到鼓舞而立即投身於行動。所以，要改變自己的心態，就不能期望用心態去改變心態，而必須是用行動去改變心態！

當你沉浸在正在做的事情中時，你會發現，你能完全掌控自己。

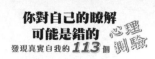

61. 現在的你孤單、寂寞嗎？

　　終於搬到了夢寐以求的鄉間小木屋，這時體貼的好友想在小木屋外最適合觀賞日落的位置為你買一把休閒的長椅。

　　你想，這椅子會是什麼樣子的呢？

A. 籐製涼椅
B. 古樸的長椅
C. 懸掛起來像鞦韆般的椅子
D. 高雅的北歐風格的椅子

A 你是一個很怕寂寞的人，只要一寂寞就什麼悲傷的情緒都上來了，把自己弄成多愁善感的樣子。其實人生就是這樣，你也不必想得太多，快樂點過日子吧。

B 你是可以獨處的人,甚至很享受這種感覺。只是你很容易被回憶所苦,雖然平時就像個陀螺一樣打著轉,可是一旦思緒沉澱,你就會對從前的種種感到無比唏噓。放輕鬆點吧。

C 一個人的時候,你最常做的事就是發呆,不然就是在那裡東想西想,你很願意沉醉在自己的幻想世界之中。

你是一個性情中人,可能為任何事感動得痛哭流涕,不過偶爾流流淚對身體也是有益的。

D 你是一個害怕寂寞的人,而面對寂寞的方式就是趕快找朋友陪你聊天,看來你的電話費用會特別高。

你也很喜歡東看看西瞧瞧,增加生活上的享受,這是讓你忘卻寂寞的方法。

62. 神祕測試：洩漏內心祕密的椅子

這幅圖是一個酒吧的櫃檯式桌面，和朋友相約到酒吧小坐，你們進來的時候剛好沒有客人，你會坐在哪個位置呢？

注意到了嗎，你的朋友是不是也有自己的習慣位置呢？無論面具多麼厚重，外在的性格看起來多麼圓滑，在這一瞬間，習慣洩漏了你們內心的小祕密。

測試結果

Ａ 情緒化型

你喜歡保持特有的氣質，所以會刻意侷限在某種狀態中。

你時而害怕獨處，時而淡然獨處；不願介入他人的事情，但又擔心失去別人的愛。

Ｂ 協調派

你容易妥協，內心安靜而富有智慧，對於新事物持保守態度。

在與人交往中，經常用封閉的內心去審視對方，害怕被欺騙。

Ｃ 領導者型

你本性不願被人約束。在人際關係中注重承諾、體恤弱者；在工作中，同事感覺你是能獨當一面的管理者。

Ｄ 不甘寂寞型

來自異性的關照和尊重是你最本能的心理需求，你在自己的服飾、言談舉止上大做文章，想從異性愛慕的眼光中獲得對自己的肯定。

我行我素型

你的內心溫柔親切，但是表面上往往採取冷漠的態度來對待他人。

你在努力讓自己養成一種「正確」的態度，以適應複雜的生活。

☆【音樂心理學】

音樂和生意：91%的人說他們喜歡酒吧裡有背景音樂，84%的人說酒吧裡的音樂讓自己更願意再來，66%的人說如果酒吧裡沒音樂自己就絕對不來了。

但是放錯了音樂後果也很嚴重，對商店的顧客的調查結果顯示，40%的人說如果音樂不對，就直接離開。對客服的研究也發現，如果等待接聽時放錯了音樂，那還不如不放。

63. 你未來的人生走向

　　不論你是否會開車，你理想中的車是什麼模樣的呢？

A. 豪華房車	B. 七人車
C. 敞篷車	D. 跑車
E. 吉普車	F. 迷你車
G. 古董車	H. 改裝車

A 「穩穩當當」

　　你在追求安穩、寧靜的人生，如果你是駕駛者，那麼這都是你自己爭取來的；如果你是專職司機，那麼你所得到的人生是上天賜給你的。

B 「尋找一個家」

你愛熱鬧，同時又需要個人空間，不論你現在忙些什麼，你將來都必定會以「堅定」或「穩固」的家為生活重心的。

C 「愛被尊重」

你外表非常自信，愛出風頭，卻不能面對太大的壓力，所以你追求的不是很富有或奢華的生活，而是需要受人尊重和自由的生活。

D 「保持成功」

跑車的主人，會是愛表現、好勝心強的人。像獵豹一樣，你面對的難題並不是速度，而是怎樣保持成功。

E 「力求完美」

你愛力量，喜歡挑戰，追求正義感，有英雄主義情結。雖然你真正要好的朋友不太多，但個個都有一定的素質。

F 「滿足自在」

你的野心不太大，追求對自己有所交代的人生，因此是較自我的和平主義者。所以你的人生十分和諧和滿足，沒有太多變化。

G 「追求品味」

你是個擁有品味及執著精神的人，你有自己的
價值觀，愛陶醉在舊日的情懷與節奏裡，所以
你會想盡辦法去挽留一些過去的人與事。

H 「與別人不同」

你不能夠接受自己平淡無奇的人生，你會想盡
辦法令自己跟別人不同或更勝於別人，但這只
是自信不足及未能完全接受自己的表現。

64. 怎樣的生活是你所嚮往的?

　　你擁有一座一望無際的牧場,並且養著一群此時正在低頭吃草的牛。望著這群牛,你尋思著再多養一隻動物,那養什麼好呢?

A.熊	B.狗
C.羊	D.馬

測試結果

A 選擇象徵自由、野性的熊,說明你嚮往無拘無束的回歸大自然式的生活。可能當下環境使你內心壓抑,有很多你無力改變的地方,所以你有逃離現狀的慾望。

移居山林不容易實現,不妨在假日走出都市,去山上以及海邊走走。

B 選擇這種常態寵物，說明你已經適應了有人陪伴的車水馬龍的現代生活。

雖然現在的生活也有你不喜歡的方面，但卻找不出具體哪裡不喜歡，即使找到了也不見得會改變。

C 選擇飼養羊說明你有小資心態，習慣了現在的都市生活，也偶爾想過一過田園生活。

你要求的是便利、簡單的靜謐生活。

D 選擇這種速度快的動物，說明你嚮往較為緊張的、節奏較快的生活，或者是較為自由的生活，可能你平時就喜歡快節奏的都市生活，閒暇時則喜歡有品味的休閒活動。

65. 一張奇怪照片測試你的膽量

假設有一天，你站在影院的看板前，看到一張有黑色電話的海報。你認為這張海報意味著什麼呢？

A. 電話會牽出電影中的一段重要情節
B. 電影開演時，由電話鈴聲展開故事
C. 電影要結束前的最後一個畫面，以電話來暗示什麼

測試結果

A
你勇氣可嘉，但判斷力不足。你有接受挑戰的勇氣，想在社會上出人頭地，雖然你很努力，但判斷力不足，這是你亟須加強的地方。

B 你信心滿滿，但缺乏經驗。你充滿自信，認為自己想做的事一定可以成功，但由於經驗不足，還是多聽聽別人的意見為好。

C 你逃避責任，害怕失敗。你內心徬徨不安，對現實生活有諸多迷惑，因此碰到自己該做的事時，往往採取逃避的態度，害怕一旦失敗會遭到他人的嘲笑。其實，只要你多學習別人的長處，就能消除心理壓力。

☆ **【做人六敢】**

1. 敢於夢想。非凡的結果起始於非凡的夢想。

2. 敢於決定。人生的改變就決定於你真正下決定的那一刻。

3. 敢於承諾。讓關聯的生命成為助推的力量。

4. 敢於擔當。創造被賦予重任的媒介。

5. 敢於借力。成功需要借梯上樓再拉梯一把。

6. 敢於共享。焦點利眾方能得眾人之響應與擁護。

Part

2

控制情緒──我的心情我做主

只有那些帶著積極情緒、抱有陽光心態並付諸行動的人才能幸福、成功。
為了生活的幸福和事業的成功，我們要掌控自己的情緒，建立積極的心
態，每天給自己希望，每天都有好的心情。

克制憤怒，釋放壓力，排遣抑鬱，戰勝羞怯，打敗自卑，走出逆境，從
今天開始，做一個幸福陽光、充滿希望的人。

01. 你是容易惱羞成怒的人嗎？

你一個人去郊外爬山，遇到五條狗正瞪著你，你認為哪一條狗最有可能撲上來咬你？

> A. 凶凶的黑土狗
> B. 懷孕的小母狗
> C. 壞脾氣的狗
> D. 神經質的吉娃娃
> E. 發情的小狼狗

測試結果

對方故意找你碴時，你就會忍不住翻臉。你平時很好相處，可是最忌諱的就是人家故意找碴，而且一再地挑釁，你就會從被動而轉成主動去攻擊對方。

B 你的忍耐是有限度的,超過底線就會生氣擺臭臉。當人家剛開始挑釁時,你還會稍微容忍,若太過分時,你就會想要擺出長輩的姿態來教訓對方。

C EQ超高的你,會用微笑和裝傻來化解危機。你覺得其實很多事情不必硬碰硬,你認為凡事都應以平常心來對待,且會把事情幽默化,讓氣氛變得很融洽。

D 你從不覺得有什麼事情,會讓你被笑話得想要生氣。少根筋的你,心地很善良,覺得自己這輩子沒有碰到什麼壞人,沒什麼太大的煩惱。

E 自尊心強的你,任何跟你有關的被人笑話的事,都會讓你生氣。因為你內心深處永遠都處於發情的狀態,非常有攻擊性,對於每件事都會對號入座。

02. 你該怎樣釋放你的壓力？

如果21世紀最壯觀的流星雨將會來臨，那麼你會選擇在哪裡觀賞這場流星雨？

> A. 海邊
> B. 山頂
> C. 草地
> D. 屋頂

測試結果

A 對你來說，當生活中出現挫折或者失敗的時候，最好的安慰是愛情。所以，找到真心相愛的人，是你追求成功的同時必須要考慮的。

B 你是一個很樂觀的人，相信再大的問題都會過去。對你來說，擁有一幫能夠倒苦水的朋友是最重要的。

C 你有些喜歡靠幻想來排解壓力和焦慮。這樣的排解可以解一時之需，但從長遠來看，你還需要自我成長，鍛鍊自己應對現實和挫折的能力。

D 你通常喜歡把自己的生活安排得滿滿的，讓工作佔據你大多數時間，這樣的你比較容易出現人際關係問題。所以，你最需要的是，擴大社交圈，融入群體之中。

☆ **【情緒調節的8個方法】**

1. 宣洩：找人傾訴或大哭一場。

2. 轉移：到大自然去、看電影、聽音樂、會朋友。

3. 靜思：把不良情緒昇華到美好境界。

4. 自制：明白發怒只有後果而無結果。

5. 閱讀：讀書會帶來好心情。

6. 代償：換一種有成就感的事情。

7. 愉悅：想喜歡的人和事。

8. 放鬆：瑜伽放空。

03. 什麼東西正在困擾著你？

你正搭乘熱氣球在環遊世界的途中，突然熱氣球急速下墜！原因是重量過重。此時你會最先拋下哪樣東西呢？

A. 照相機　　　　　B. 時鐘

C. 放行李的皮箱　　D. 燈

E. 豬大腸

A 　照相機是用來攝下影像的東西，這表示你因無法掌握週遭的環境，正為自己的未來煩惱著。

B 滴答走著的時鐘跟我們的身體一樣運作著。可能你生病了，或者懷疑自己的健康出了問題。

C 皮箱是用來裝東西的，在潛意識中代表著金錢，表示你很可能在金錢上遇到了問題。

D 燈代表廚房中的火和房間中的照明情況。你很可能正被家族或家庭問題困擾著。

E 豬大腸在食用前，必須要洗淨，就像是脫掉身上的衣服，代表情人。在打開之後，我們還是要食用它，也可以代表「性」，表示正被異性問題困擾著。

04. 你承受壓力的指數有多高？

「奇異果」這三個字給你的感覺是什麼樣的呢？

> A. 在陽光照耀下，黃金水果般可愛
>
> B. 小巧可愛
>
> C. 青澀香甜
>
> D. 毛茸茸的外皮很可愛
>
> E. 想把它當成球，可以玩
>
> F. 喜歡它是因為它是營養豐富的水果
>
> G. 點綴甜點時非常漂亮
>
> H. 毛茸茸的外皮不好看
>
> I. 奇怪的水果，不像是真的
>
> J. 害怕外皮會刺到舌頭

測試結果

A 你的人生永遠在追求完美，你的苦幹精神無人能敵。你單純自然，懂得知足又懂得追求。

B 誠懇地對待他人，使你能透視這個世界，找到純真善良的一面。你的特長是能找到機會，與人和平共處，創造健康快樂的人生。

C 你生命力旺盛，能快速瞭解別人的需要，善於處理複雜的人際關係，是個有智慧的人。品味高並重視個人成長，容易成為富貴中人。

D 你有喜感十足的性格，活潑、浪漫、天真，童心未泯，永遠能陶醉在歡笑聲中，屬典型的適者生存型。

E 你孤獨又不能被他人肯定，像被丟掉的石頭，不知道自身的價值何在，總是抱著以不變應萬變的心態解決生活難題。

F 你不在乎物質生活，但強調生活品味，能理性分析問題，會因缺乏感性生活而感到無奈。兼具理性和感性的人生才能讓你感到滿足。

G 你喜歡簡單樸實的人生，擁有誠懇的生活態度，使你身邊的人有安全感。你會全力以赴地去照顧心愛的人和親朋好友，多愁善感是你壓力指數的致命傷。

H 你個性細緻、敏感度很高，適合從事有創意的工作，工作能力很強。你能主動關懷他人與事物，即使相貌平平也能流露出單純質樸的氣息。

I 你是有特殊外表的人，不喜歡製造麻煩和引來煩惱的人。其實你很會編織夢想，你將創造一個適合自己的可愛人生。

J 你很神經質，常有心事不能分享給任何人，總是忘記了自己為什麼而煩惱。你需要別人的理解和可以信賴的愛情，但是當友誼和愛情來臨的時候，你又會產生懷疑。

05. 你的情緒化指數高不高？

當你一早起來看見自己的臉油油亮亮又髒髒的，你會有什麼樣的表情？

A. 呆臉
B. 臭臉
C. 苦瓜臉

A 只有感情這件事，會讓你動不動就情緒波動。你在工作上很理性、很獨立，不管有什麼脾氣儘量都會壓下來，覺得不可以太情緒化，因為這樣不夠專業。不過在私生活上就很容易情緒化，很容易為了感情的事情而發生情緒波動。

B 內斂的你，喜怒哀樂都往心裡藏，不想讓大家擔心。其實你很壓抑，認為自己是讓大家依靠的，所以有很多的苦都往心裡藏，不過要注意的是你容易有暴力傾向。

C 感情脆弱又敏感的你，情緒很容易被外在的人、事物影響，然後就把情緒寫在臉上。你屬於感覺派，只要感覺一來就會非常脆弱敏感，常常擔心別人是不是不喜歡你，自己是不是不夠好……

☆【心理醫生教你如何緩解壓力】

日常生活中經常遇到問題，許多人都曾為壓力所困擾，如何緩解？

1. 首先要設定現實的目標。

2. 將壓力寫出來。

3. 當要做的事情很多時，可以進行統籌安排。

4. 適時放鬆，聽音樂、外出旅遊等。

5. 想像。

6. 聞香氣。

7. 壓力大時想哭就哭。

8. 求助，需要別人幫助時，儘管開口。

06. 災難顯示你的耐壓水平

下面四種災難，哪種災難最令你膽戰心驚？

A. 地震	B. 颱風
C. 火災	D. 水患

測試結果

A　若感覺到壓力正排山倒海而來時，你第一個反應是先停下腳步，然後思考處理的先後順序，不會自亂陣腳，因為你深知抱怨和急躁是無法解決問題的。

B　當感受到壓力時，你會先找人一吐為快，發發牢騷，因為不說出來會憋死自己；等到情緒發洩完，還是會想辦法克服。

C 平常你是位老好人，可是一旦面臨壓力，你就會變得躁動不安，讓週遭的人摸不著頭腦，還不時會被你的流彈波及，容易因情緒化而壞了大事。

D 旁人都知道你的抗壓性低，不太敢讓你有太多的負擔，否則他們可能會承受比你更大的壓力，因為你隨時會爆發。

07. 你得抑鬱症的機率有多大？

　　如果明天要進行一場對你來說很重要的考試，你複習了很久，但還是感到微微的焦慮不安，那麼你焦慮的原因最有可能是什麼？

A. 覺得自己其實還有很多地方沒徹底掌握，要是考到就完了

B. 隱隱覺得很有可能遇上一些怪題，自己一定做不出來

C. 覺得自己太容易犯一些不該犯的錯誤了，害怕丟一些不該丟的分

D. 害怕出現諸如名字沒寫、塗卡塗錯、准考證忘了帶之類的事情

測試結果

A 不太可能

你比較實際，不太可能得抑鬱症，擔心都是事出有因，如果你覺得自己掌握得很好就不會焦慮了。而得抑鬱症的人卻往往是為那些他人覺得沒必要擔心的事情而心情不好。

B 因人而異

你一般對自己要求較高，但得抑鬱症的機率因人而異，若你屬於外向型性格，一般在短暫的焦慮過後情緒會自動平復，但如果性格比較內向，那很有可能會因過分追求完美而心情低落。

C 比較可能

你往往具有很強的自省能力，並且不夠自信，經常責備自己這不好那不好的，且對一些小事耿耿於懷，這樣的人如果遇到很大的壓力，得抑鬱症的機率就比較大。

D 很有可能

你特別喜歡胡思亂想，而且想的都是一些很不幸的事情，雖然心裡希望這些倒霉事不要發生，但還是忍不住會去想，這種人最有可能得抑鬱症，抑鬱於自己的胡思亂想之中。

08. 你該如何釋放心理壓力？

參加考試，如果坐在鄰座的人問你答案，你會怎麼做？

A. 完全不理會對方的請求
B. 直接告訴對方自己不會
C. 立即給對方一份答案
D. 說抱歉，直接回絕對方

 測試結果

你的壓力更多地來自人際關係。如果真的不開心，那就重新找一份工作或者創業吧，只有讓自己真正快樂才是最重要的。

B 夢想與現實總是存在著巨大的差距,工作上的不被賞識常常讓你鬱悶至極。不如給自己放個長假吧,你的心境也會更加開闊。

C 你對工作有了怠惰心理,有時甚至覺得力不從心。其實生活就是要懂得讓自己開心一些,每週不要總是在沒日沒夜的加班中度過。

D 你是一個隱忍內向的人,不喜歡用過於激烈的方式排遣壓力,不妨來些慢運動吧,將你的不滿都發洩出來。

☆ 【迷茫時的你請記住】

1. 先處理心情,再處理事情。
2. 最困難的時候,就是最接近成功的時候。
3. 不為模糊不清的未來擔憂,只為清清楚楚的現在努力。
4. 寬容他人對你的冒犯。
5. 不要無緣無故妒忌。
6. 只為成功找方法,不為失敗找藉口。
7. 不要看你失去了什麼,只看你還擁有什麼。
8. 用最放鬆的心態對待一切困難。

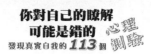

09. 你的壓力來源於哪裡？

有什麼東西是你一定要帶出門，否則一天下來就會覺得沒有安全感，老是少了什麼東西似的？

A. 手錶	B. 手機
C. 護身符	D. 面紙

A 你的壓力來源於自己

你總是將自己擺在社會價值的天平上來衡量，也常會把自己和朋友做一番比較，這會讓你喘不過氣的。

B 你的壓力來源於朋友

你是個重視人際關係的人，因此應接不暇的應酬，讓你想躲也無法躲。

C 你的壓力來源於學習或工作

好勝心強的你對於學習或工作是相當投入的，師長或上司對你的期望也比較高，在這樣被看好的情況下，你多少會有壓力的。

D 你的壓力來源於家庭

你的個性中有隱藏的完美主義傾向，對於家庭有依賴與期待，家庭給你足夠的力量的同時也會帶給你不小的壓力。

10. 看圖測試你的心理壓力

下圖中方格相接處的小圓點都是白色的，一直盯著圖片看，你會看到怎樣的現象？

A. 圖中有黑色的小點在閃動

B. 圖中有很多黑色的小點在快速地閃動

C. 圖中黑白分明，沒有小黑點在閃動

測試結果

A 你是一個生活中壓力特別大的人，有時候一件小事都會讓你不開心，面對問題時，也找不到好的解決方法。所以啊，不管是職場中還是學業中你都是有壓力的。

B 你的生活壓力更大，有時候甚至自己都不知道要如何快樂，即使一件很開心的事在你面前，你也會覺得這沒有什麼，所以常常讓自己陷入痛苦中，你身邊的人也不會很快樂。

C 你內心單純，慾望比較少，即使是一件複雜的事你也會想得很簡單，看起來沒心沒肺的！不過這樣的人才會快樂！

11. 看圖測試你的抗壓性

你要去一個布局如右圖的公共廁所，裡面沒有一個人，那麼憑直覺你會選擇去哪間方便呢？

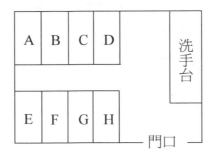

測試結果

A 承受壓力指數為8

抗壓建議：你容易自以為是而粗心犯錯，使別人深感困擾。你不聽別人勸導而惹來煩惱，會因此而情緒失控，要記得小心，不要觸犯他人。

B 承受壓力指數為8

抗壓建議：使你最感驕傲的是人人都因你而有福，你希望得到別人的鼓勵和讚揚，這使你疲倦，不如放下標準，自由自在過自己的人生。

C 承受壓力指數為9

抗壓建議：膽小怕事使你包容他人的缺點，任由他們做壞事，不知後果的嚴重性，小心受牽連。該多交一些世故的朋友，幫助你認清事實。

D 承受壓力指數為7

抗壓建議：你的持續能力不強，有礙事業發展。若你喜歡把事業放在娛樂之後，更需檢討人生失敗的緣由。

E 承受壓力指數為6

抗壓建議：你是勇氣十足的人，膽識高人一等，但無法恰當表現你自己，應該先懂得生活，人際關係才會處理好，壓力會因此而消失。

F 承受壓力指數為4

抗壓建議：當你無法承受生活壓力時，不妨讓自己平凡一點，別在乎別人的期望，因為常常是你自己設定了太高的期望，使自己無法喘息。

G 承受壓力指數為5

抗壓建議：只要你懂得努力追求自己所愛，並堅持在一個固定的職業上，不在乎日子的艱難，你就能平安過一生，千萬不要三心二意，使自己失去生活重心。

H 承受壓力指數為10

抗壓建議：你不需要別人幫助解決生活壓力，但需要別人指導解決生活難題，因此建議你多交一些有智慧、有遠見的朋友。

☆ 【壓力的危害等同於每天抽5根香菸】

自感壓力大的人更容易得冠心病，心臟病發作機率比其他人高27%。

人體在遭遇壓力時會釋放皮質醇，它可以引起血管收縮，維持身體正常功能。壓力會導致人血壓升高、血液中低密度脂蛋白膽固醇水平升高。

12. 測試你的抗壓力

你會選擇把什麼樣的燈放在床邊，伴你進入夢鄉？

A. 有手抄紙燈罩的
B. 歐洲宮廷華麗雕像燈
C. 卡通造型的
D. 有英國鄉村蕾絲風格燈罩的

測試結果

你是個外柔內剛的人，容忍度頗高。可是，你很可能已日益習慣壓力的逼迫，逐漸麻痺，不知道真正的界限在哪兒。

B 遇到壓力時，你會找其他管道來舒緩緊繃的情緒，等到心情平靜下來，再慢慢思考解決方法，所以別人多半會以為你一直過得很平順。

C 你有點討厭麻煩的事，遇到意外會顯得格外不耐煩，擔心不能處理得當。一定要有人陪在身邊，你才會有安全感，所以你的抗壓力稍微弱了點。

D 你重視原則，多數時候都能夠和別人合作，非常隨和。可是你仍然有自己的底線，是所有人都無法逾越的。

☆【桌子上放鏡子可減輕壓力】

美國哈佛大學的研究指出，從心理學的角度來說，照鏡子可培養人的自信心，辦公桌上放面鏡子，當工作中出現困難或心情不好時照一照，可以有效減輕心理壓力和煩躁情緒。

你可不要小看照鏡子這個動作，當你非常牴觸做一件事的時候，它會敦促你堅持就是勝利。

13. 你善於調動你的個性嗎？

設想你正在汪洋大海中乘船巡遊，四面是一望無際的藍色大海。從水平面上，突然有東西映入你的眼簾。你想，那會是什麼？

A. 陸地　　　　B. 另一艘船
C. 朝陽　　　　D. 鯨魚

測試結果

A 你墨守成規，不善於標新立異，更不敢有自我主張。因為你無法打破傳統的思想觀念，所以會限制你展示你的個性。

B 你對展示自我有心勞日拙之歎，水平面上的船，該是你的嚮導。如果沒有旁人的協助，那很可能你的才能會被忽視。

C 你是個善於將自己的個性發揮得淋漓盡致的人，你的這種個性也為你開闢出一條成功的大道。雖然你在剛開始時不太得人緣，但你的個性注定會讓你出人頭地。

D 你生性好妄想，常好高騖遠、不切實際。你常因不自量力而陷入困境。

14. 你釋放壓力的方式

假如你是一個戶外攀岩愛好者，不料在登頂時出現意外讓你困在山頂，面對陡峭的岩壁，你最希望以什麼方式回到地面？

A. 自己慢慢下來

B. 纜車

C. 降落傘

D. 一根夠長的登山繩

E. 飛下來

測試結果

A 當你遇到壓力或者困難的時候會選擇默默地承受，你的壓力會慢慢消除，但需要更積極的心態和方式。因為一味忍耐，日積月累就會有更多的負面情緒產生。

B 你的壓力釋放是保守的也是有效的，你總會想到更好的方式讓自己輕鬆一些，甚至會直接尋求專業的心理咨詢師或者醫生的幫助。

C 降落傘雖然很有效，但是受外力影響會帶來更大麻煩。你的壓力釋放方式雖然很直接有效，但有時也會把壓力重新纏繞。比如，當你情緒不好的時候，你會把情緒發洩到你的另一半或者親人身上，事後又後悔。

D 你的壓力釋放時，需要顧及很多，想得周全些。比如，情緒不好時，什麼都不想做，也沒有興趣，也許會讓自己陷入更深的負面情緒中。

E 你的壓力釋放方式很樂觀，這樣才會真正做到讓自己輕鬆，在釋放壓力時，你會找尋新的快樂！比如，當你感覺到壓力的時候，你會和朋友一起去唱歌，在唱歌時減緩了壓力，又找到了快樂。

15. 你善於調控情緒嗎？

愛上一個人之後，好像認識得越久，就會有越多的惡習浮出水面，和最初相戀時的完美情形大相逕庭。到底什麼樣的愛情「酷刑」讓你覺得最受折磨？

A. 愛人常和酒肉朋友鬼混
B. 動不動就爆發冷戰，避而不見
C. 一方有抽菸、喝酒、賭博等惡習
D. 一方喜歡管東管西

測試結果

A 你最在意自己的地位是否穩固，如果知道自己還是勝利者，那你就不會介意平時的小事。對你而言，將時間和力氣花在不必要的爭執上，實在是太浪費時間了。

B 你感情細膩，別人的無心之語也會讓你痛不欲生。很多時候，是你自己把事情嚴重化了。

C 你能夠將自己的感覺隱藏起來，讓別人不知道你在想什麼。你會在適當的時刻釋放心理壓力，在無形中就將傷害降至最低。

D 你容易煩躁，不喜歡被別人盯得很緊。只是提一個小建議，可能都會引起你很大的反應。你的情緒來得急、去得也快，不過要留心別在盛怒時對別人造成心理傷害。

16. 你到底還能承受多少壓力？

炎炎夏日，若能來場及時雨該有多好。在上班日，你覺得這場雨，下在什麼時候最好？

A. 清晨	B. 中午
C. 傍晚	D. 半夜

 當工作排山倒海而來時，你會重新調整工作的步調，悉心規劃出工作的進度，讓自己不至於太過忙亂；你仍舊能在規定的時間內完成所有的事，可說是上司的得力助手。

B 你熱愛工作，尤其當有成堆的工作等著你時，你反而會覺得自己頗受重視，而樂在其中。因此你一般不會有太多的工作壓力，你無法勝任時會直接告訴主管，是EQ蠻高的員工。

C 工作時你看起來像在玩樂，總愛在工作空當跟同事喝茶聊天，不過當工作接踵而至時，你也不是個「省油的燈」，偶爾還會有同事鼎力相助，是人緣不錯的附加值。

D 面對工作壓力時，你的整張臉都垮下來了，不但全身毛孔緊縮，恐怕連同事都要對你小心應對；雖然你還是會把分內工作如期完成，心中卻會有不少怨言。

17. 不開心時,你會找誰訴心聲?

一個人走在街上,突然聽到有人叫你的名字,憑直覺,你認為會是誰呢?

A. 好久不見的朋友
B. 舊情人
C. 親人
D. 不認識的人

測試結果

A 你不開心時,就會想起曾經感情很好的朋友,向他們盡訴所有悲喜,即使長時間沒有聯絡,你們感情依舊會很好。

B 你對舊情人依然會有依賴感,當遇到挫折或者想不開的事情時,第一時間就會找到這個人。雖然已經分開了,這個人卻還是你唯一值得信任的人。

C 親人對於你來說，是永遠能給予你庇護的人，所以當你感到沮喪的時候，第一時間就會找到自己的親人，大倒苦水，親人給予你的支持永遠最多。

D 你是一個愛面子的人，有心事不會找認識的人傾訴，而是會找不認識的人談心，例如透過網站聊天，或是跟酒吧裡的陌生人聊天，彼此不認識，說完就不用擔心被洩漏。

☆ 【傾訴的藝術】

要為受窘的人說一句解圍的話；對沮喪的人說一句鼓勵的話；

對疑惑的人說一句提醒的話；

對自卑的人說一句自信的話；

對痛苦失意的人說一句安慰同情的話。

雪中送炭比錦上添花好。

18. 你的壓力如何疏解？

　　你覺得心裡煩悶，卻找不到朋友傾吐。你一個人跑到遊樂園散心，想要疏解一下壓力，你第一個會選擇玩以下的什麼呢？

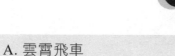

A. 雲霄飛車

B. 摩天輪

C. 幼兒區的鞦韆

D. 湖中划船

A 　你是個直爽的人，不會拐彎抹角，樂觀開朗，很有人緣！和朋友、同事發生摩擦，你也會當下解決，不會成為隔夜仇的奴隸。

B 你是個思維十分細密的人，凡事都會三思而後行，在謹慎的行事態度下，自然不容易惹上什麼大麻煩。可是一旦心中出現芥蒂，就芒刺在背，讓你飽受折磨。

C 常常只是為了一些瑣碎小事，就讓你覺得心裡不爽，不過你生起氣來也是小家碧玉型，沒什麼威力，所以容易被別人忽略，也沒被當成一回事。

D 你是個悶葫蘆，心裡有話也不說出口，全都藏在心底，大家都猜不透你的心思。小心累積了太多的心事，萬一哪天想不開，當火山爆發的時候，可能會一發不可收拾。

19. 你的承受能力如何？

　　你是一個跋涉在沙漠中的探險者，當你因為進食少而出現幻覺時，耳邊出現的一段旋律使你重新從迷幻中清醒。請問，你認為那會是什麼樣的旋律呢？

A. 童聲清唱

B. 充滿異域風情的老者哼唱

C. 悠揚的笛子吹奏

D. 極富節奏的銅鈴聲

A 你不善於去拆解堆積在你眼前的重重狀況，面對挫折，你像一個無所適從的孩子，會徹頭徹尾地被混亂的局面搞昏頭，甚至常常完敗。

B 逃避，是你面對挫折的唯一辦法，你不會去分析問題、尋找化解困難的辦法。在別人眼中，這樣的你沒有承擔重任的能力。

C 當面對挫折時，你那堅毅的信心就像鋼鐵一般能夠支撐起一切困難，你的氣質常常能感染許多人，是別人眼中的常勝將軍。

D 你善於將挫折扭轉為有利於自己的形勢，進而為自己創造更多的成功機會。

☆ 【把煩惱寫出來】

這是美國心理學會向全美白領推薦的減壓方法。

心理學家已證實，連續6週用書寫的方式傾訴壓力和煩惱，人的心態會明顯變得積極，抗壓能力得到明顯提高，甚至免疫力也有所加強！

20. 你心情不好時是怎樣處理的？

剛完成一個工作項目，你用盡了所有的精力，本來想好好休息，可是突然有朋友找你一同到外島渡假，你很糾結，最後你決定一切聽從老天的安排，視明天醒來的天氣狀況而定。那麼隔天當你醒來時，會希望看到什麼樣的天氣？

A. 沒有什麼雲的大晴天
B. 滿天的雲，陰陰涼涼的天氣
C. 有烏雲的天，像快要下雨

測試結果

一遇到傷心的事，你首先想做的就是暫時逃避痛苦，你不是那種在第一時刻就可以反應的人，

所以你必須花很多時間才可以正視問題的所在。
喝酒和其他麻醉的方式，是你先會採用的，先
減緩傷心對你的殺傷力。

B 雖然你很希望轉移注意力，暫時忘記傷心的事，
但是這並不如你想像中的那麼容易。你會去旅
行，或是躲到沒有人認識你的地方。不過暫時
的逃避，並不能真正解決你的傷心，一場旅行
可能反而會成為你的回憶之旅。

C 你是那種除非自己想通，否則別人再怎麼說也
沒用的人。你有堅強的外表，可是在你內心深
處卻是極端脆弱的，你的倔強，使你不願在人
前正視你的傷，你只會拒絕和別人溝通，一個
人生悶氣。

21. 你會如何面對人生的低潮？

一個飄雪的冬季，一個男孩和一個女孩在街邊站著，好像是在說分手的事情。過了一會兒，女孩開始擦眼淚。

那麼，你覺得接下來會發生什麼呢？

A. 女孩鬆開男孩的手，說了一句「再見」，然後哭著跑開了。

B. 男孩鬆開女孩的手，說了一句「我走了，多保重」，然後堅定地走了，留下女孩望著他的背影默默流淚。

C. 兩個人同時鬆開了對方的手，平靜地告別，然後走向了相反的方向。

測試結果

A 你的個性是永不服輸，所以，即使走到了人生的低潮，你還是會透過自己的努力走出低潮。其實，現在就可以多多為各種可能性做準備，加強自己的能力，或者結交更多的朋友，在你陷入低潮的時候，便可以得到朋友的鼓勵和幫助！

B 低潮就是你的成長期，以前你高高在上，現在備感人生淒涼。處於低潮的你更趨向於認同世界上的很多事情，會對人更寬容。

處於低潮時，你得到了更多的成長。度過低潮後，你的事業各方面都會非常順利。

C 你很有內省精神，陷入低潮時，你會對自己進行反省，會靜靜地反思，研究問題出在哪裡，然後汲取教訓，慢慢平復心情。

你知道人生中總會有低潮，而能夠從低潮中得到教訓，是非常值得的。

22. 小意外反映你的內心脆弱度

如果你走在路上被工地的鐵條絆倒，你會怎麼做？

A. 找工地主管理論
B. 索賠
C. 自認倒楣

測試結果

A 不堪一擊的你猶如驚弓之鳥般脆弱，看起來工作上、生活上還不錯，其實你一個人時內心深處會想很多，而且碰到壓力時會很想逃避、哭泣。

B 外表故意裝作堅強的你其實內心是脆弱、感性的。你表面上看起來很強悍，好像什麼人都打不倒你，其實你內心深處非常脆弱，只有你最親密的人才能感覺到。

C 越挫越勇的你遇到挫折越大反而更堅強，很多
困難、挑戰你會勇敢地去面對解決，相信明天
會更好的你會慢慢地走下去，越大的困難越會
激發你的勇氣。

☆【世上只有三件事】

一件是「自己的事」，一件是「別人的事」，一件
是「老天爺的事」。

人的煩惱通常來自：忘了「自己的事」，愛管「別
人的事」，擔心「老天爺的事」。

但想要輕鬆自在很簡單：打理好「自己的事」，不
去管「別人的事」，別操心「老天爺的事」。

23. 你最不能接受的失敗是什麼？

如果你在圖書館裡看書，旁邊卻有人一直在吵鬧，那麼你會怎麼做呢？

A. 走過去說幾句　　　B. 大聲訓斥

C. 臉色變差　　　　　D. 不理會

測試結果

A 你非常在意情感，如果碰到的是情感問題，那你是絕對輸不起的。

你的內心非常敏感脆弱，你瞭解自己的弱點。通常，如果你發現自己的感情出了問題，那你會痛快地結束，因為你知道只有這樣你受的傷害才會少一些。

B 你非常在意自己的事業，如果事業上受挫，或者是沒有成就感，那你往往會輸不起。你非常好強，希望能超越所有的人。

你通常會讓自己的能量發揮到最大，所以，如果你的搭檔是個懶散鬼，你通常會表現得很不開心。

C 你在意任何事情，只要與你有關的，你都輸不起。因為你非常好面子，自尊心又格外強，所以如果遇到有人故意針對你，你絕對會毫不手軟地反擊。

D 你是個比較重物質的人，沒有錢會讓你輸不起。你熱愛生活，希望享受高品味的生活，而且你有及時行樂的思想，怎麼舒服怎麼來。

你會儘量讓自己及家人都生活得好一些，如果沒有錢，那你便會比較慌張。

24. 什麼讓你感到疲憊？

如果你漸漸對生活感到疲憊，想徹底消失一陣子，那麼你會選擇以下哪一種方式？

A. 躲到深山裡
B. 飛到小島渡假
C. 躲在家裡避不見人
D. 住進裝有高科技設備、可暗中掌握一切消息的某家飯店

測試結果

A 太複雜的問題總是讓你頭痛，你希望事事都很有條理，不要惹麻煩。你可以將每日要執行的固定業務處理妥當，但不希望工作上有太多「驚喜」出現。

B 最有創意的人也需要最多元的生活刺激，你當然常常需要把自己放在不同的環境裡，盡情吸收各種養分，然後再回饋到工作上。所以你也不愛按照常規做事，一切憑直覺判斷。

C 家是最好的避風港，你將最親近的人、事物擺在生命的最前面。你總是依循傳統做事，忠於自己信守的理念。

D 你是個工作認真的人，事必躬親，總是將工作往身上攬，絕不願輕易將工作託付給他人。也因為這樣的態度，你才會俗務纏身，把自己累得半死。

25. 你現在孤獨嗎?

提到秋天,你會想到如下哪一幅畫面?

A. 田野裡的金黃稻田

B. 自己倚在窗台上看夕陽西下

C. 山中的紅葉片片飛舞

測試結果

這段時期以來,你根本沒有感覺到孤單。或許是你朋友本來就很多的原因,你喜歡綻放笑臉,做事情盡可能朝好的方向考慮。大概在你的心裡,內心孤獨的人是可恥的。

B 你最近正在經歷孤獨，不敢說你孤獨的程度有
多深，但至少你已經發現不知自何時起，自己
身邊已沒有多少可以溝通的人。其實這可能是
你「一廂情願」的過分誇大的感覺，請不要讓
一時的孤獨成為你的負累！

C 你目前算不上孤獨，因為有很多事情分散了你
的心思，正如片片飛舞的紅葉，它們是你目前
工作和學習的壓力，也是動力所在。

☆ 【孤單時可以懷懷舊】

當你感到孤單時，你會覺得被孤立，缺乏社會支持，
不太認同朋友在你生命中的角色、意義。

也許，懷念往事是對付孤單的另類而有效的策略，
換言之，就是自覺地、刻意地讓自己產生懷舊的念
頭。

26. 你是一個能夠寬恕別人的人嗎?

假如你自己擁有一間單身公寓,本來過得算是逍遙的,可是天有不測風雲,你下班後卻發現家裡被偷了,那你會首先查看丟了什麼東西?

> A. 剛買的液晶電視
> B. 筆記電腦
> C. 外表鑲金的工藝品
> D. 櫃子裡的存摺

測試結果

A 你是一個注意體面的人,就算你心裡有點不情願,但通常都會寬恕別人。但要注意一下你的表情,既然選擇了寬恕就不要繼續臭著一張臉,讓大家感覺彆扭。

B 你是一個懂得寬恕別人的人,你有一顆善良的心,不忍心去責怪別人的過錯,當別人做了讓你感到困窘的事時,你會希望他在下一次機會中尋求改變。

C 你很難容忍別人得到本應屬於你的好處,你會很不快樂,因為怨恨和不滿總圍繞著你。錯誤和失敗其實都是人生的課程,寬恕別人等於給自己創造快樂。

D 你喜歡批評別人,不喜歡寬恕別人。但你要明白,無法寬恕別人,只會讓痛苦圍繞著自己,因為在你怨恨別人的同時負面情緒也附加在你自己身上。

27. 當你發飆時，有什麼良策可應？

當心中充滿怒火時，你會怎麼表現？

A. 氣得直流眼淚

B. 氣得找人吵架

C. 找朋友喝酒，發酒瘋

A 平時你常告誡自己不管發生什麼事情都要忍住，進而把自己的真實情緒掩藏得很好。當心中的怒火無法消除時，你會透過其他的方式來轉移注意力。

你應該用一種積極的、有意義的語言來進行反擊，學會發洩心中的怒火。

B 你不喜歡爭鬥，但你並不是一個能被輕易打敗的人。你發怒時便不會顧及什麼，會做出損人不利己的事情。

改變的方法是允許自己生氣，告訴別人你心中的不滿。

C 當想發火的時候，你會直接表達負面情緒，用嘲諷的語言去攻擊對方。

但用再婉轉的語言也會傷害對方，所以你要學會控制好自己的怒氣，要學會直截了當地表達內心的真實想法。

28. 什麼減壓方法最適合你？

　　如果你是個作家，正面臨雜誌社編輯的催稿壓力，
而此時你又偏偏處於很忙的狀態，那麼你會怎麼做？

> A. 置諸腦後，管他的
> B. 無奈還是得做，不過會拖稿
> C. 一口應承，再忙也要把稿子趕出來
> D. 答應後，先發洩一下情緒才開始寫稿

A 面對壓力，你很容易選擇逃避，但是逃避只能
獲得短暫的快感，不能解決問題。
你要學會積極去面對問題，抽絲剝繭之後問題
都能得到解決，你會愛上這種感覺。

B 壓力來時，你常頭痛得不知如何是好，卻又不
知道放手。
建議你別太死心眼，一頭鑽進情緒的死胡同。
偶爾先放手，做點輕鬆的事，先整理心情，再
處理事情！

C 你習慣把壓力往肚裡吞，即便自己再忙再累也不想麻煩別人。

這樣做短期內的確可以讓自己更堅強，不過長期的鬱悶累積對你會是一種傷害。建議你有自己完全與工作絕緣的時間，盡情地放鬆一下。

D 很多事情其實你平時就能做，可是你偏偏要等到迫在眉睫才去處理。

雖然你有自信去解決所有的事，可是就像走在鋼索上，一不小心可能就這麼掉下去了。記住，情緒切忌猛拉猛放，維持穩定才好。

29. 「拖延症」你有嗎？

你意外地得到了5000元，這段時間你剛好想去買一件工作上很有用的大衣，但是錢不夠，如果去買一雙舒服但不急用的運動鞋，則又能剩下幾百元，你會怎麼做？

A. 再加些錢把大衣買回來

B. 買運動鞋，再去買些其他小東西

C. 等到再賺幾百塊再去買大衣

D. 什麼都不買先存起來

測試結果

A 你沒有拖延症，相反的你是個做事乾淨利落的人。你總是精神抖擻，想做就做，效率極高，性格也很直率簡單。

B 你已經有輕微的拖延症了。你屬於享受型，總覺得沒什麼事是必要的、著急的，做事也是能拖就拖，還美其名說是有計劃！

C 你患有拖延症，在工作上，你會選擇對自己好、自己覺得舒服的事先做，其實很多事被你拖延得失去原本的價值了。

D 你患有嚴重的拖延症，已經嚴重地影響到你的生活了。很多事情只是心裡想著，實施起來卻總是很難。

☆ 【 時間管理的11條建議 】

1. 要和你的價值觀相吻合。

2. 設立明確的目標。

3. 改變你的想法。

4. 安排不被干擾的時間。

5. 嚴格規定完成期限。

6. 做好時間日誌。

7. 理解時間大於金錢。

8. 學會列清單。

9. 同一類的事情最好一次做完。

10. 每一分每一秒做最有效率的事情。

30. 從選腳踏車測試你的抗壓能力

你喜歡或者正使用的腳踏車是以下哪一款？

A. 輕便型腳踏車

B. 電動腳踏車

C. 變速腳踏車

 測試結果

A 輕便型腳踏車最大的特點就是無論什麼路面，騎起來都比較輕巧。

選擇這項的人，通常來說無法承受過大的壓力。不過這並不代表你絲毫不能承受壓力，有時候壓力反而能夠成為你的動力。

B 只要有足夠的電力，騎車的人就可以毫不費力地行駛在馬路上。

選擇這個選項的朋友，你對於壓力可以說是非常敏感。

在現實生活中，你絕對不允許也不會讓自己承受過大的壓力。

C 騎車的人可以在不同的路面選擇不同的方式讓自己輕鬆度過。

正如這款車的特點一樣，你對於壓力有著良好的調節能力。

你會非常理智地判斷出何種程度的壓力對於自己是有利的。

31. 你的脾氣有多壞？

　　天突然下起雨來，但是家中的傘竟然都是壞的，雨越來越大，你實在沒辦法，那下面的雨傘你會選擇哪一把？

> A. 傘柄不彎曲但是很短的
> B. 傘柄彎曲了的傘
> C. 有一個小洞的傘
> D. 有一個大洞的傘

測試結果

　　傘柄很短，暗示你是那種「忘性很大」的人，也可以說是敢愛敢恨的人。你是那種很善於吵架，又很容易言歸於好的人！

B 傘柄彎曲是很獨特的，表示你是一個很倔強的人！哪怕吵架是由你的錯誤引起，你也不會甘心承認的吧！

C 這樣的人心很軟，不太會讓對方下不了台，也不會強迫自己做很難做到的事情。可能會把事情冷卻很久，再說起那次吵架，才說「那時我也有錯」。

D 吵架之後，你很可能是率先承認錯誤的那一個，雖然這樣顯得氣度非凡，但是小心這樣的脾氣會助長對方的氣焰！

32. 你的歇斯底里指數

有時覺得紅色可以招來好運，那你會選擇哪些紅色行頭，來幫自己轉運、添喜氣呢？

> A. 紅色長靴
> B. 紅色皮包
> C. 紅色皮外套
> D. 紅色內衣褲

A 你喜歡儘快將事情做好，不會拖泥帶水。你一向習慣獨立作業，儘量不求助他人，希望在自己這邊就能把事情搞定。較少會有非理性的失常表現，因為多數時候事情都在你的掌控之中。

B 你是個講求原則的人，若是有人蓄意挑釁你，那根本就是自討苦吃。這樣律己極嚴的個性，面對看不慣的事情，基於強烈的正義感，你當然會發出不平之鳴。

C 你通常憑個人的好惡行事，十分有性格。當要發飆時，你會分場合，不會讓自己的尊貴氣質蒙塵。像你這麼注重儀態與形象的人，會把自己控制在安全範圍以內。

D 你耳根比較軟，聽到不實的消息，你也會憑著對發話人的信任，便照單全收，一點也不懷疑。這樣熱誠又善良的個性，有時也不免會被騙。

☆ 【女人處理憤怒的5個正確方法】

1. 明明生氣卻又刻意壓抑。正確方法：試著和你信任的人分享心中的感覺。

2. 認為自己是對的。正確方法：接受不完美的事實，不要過度挑剔。

3. 誤會別人。正確方法：不要揣測別人的想法。

4. 遷怒於別人。正確方法：問自己究竟是對誰生氣。

5. 出現衝動行為。正確方法：深呼吸，讓自己冷靜。

33. 你是否會壓抑自己的想法？

　　自從昨天不小心在森林裡迷路之後，你已經兩天都沒有吃什麼東西了。就在你覺得自己快要餓死的時候，竟然發現不遠處有一戶人家！

　　在你說明事情的經過之後，這家人很愉快地端出食物來招待你，於是你馬上大快朵頤。可是，正當你咀嚼這些食物的時候，嘴巴裡卻發出很奇怪的聲音，而且你的身體漸漸不聽使喚了。你覺得你吃飯時所發出的聲音，到底有多大？

A. 幾乎聽不到的音量

B. 就好像在耳朵旁邊輕聲細語的音量

C. 普通大的音量

D. 響遍整個房間的超大音量

A 好好先生型

你看起來既誠實又認真，不過這一切舉動都只是做給大家看的，做的是表面文章。這樣的人會壓抑自己的想法，一味地配合別人，可以說是個好好先生，做人圓滑，不值得信賴。

B 正直誠懇型

你個性誠實而正直，但是總不被人重視，這或許是因為你身上缺乏自我風格吧！你將會擁有一個平凡、踏實的人生，對自我意見的表達能力還算可以。

C 稍有個性型

你很懂得享受人生，雖然不敢做什麼大膽的事情，但是偶爾會做一點小壞事，要注意不要走錯一步，這樣的你無法脫離社會道德的壓力，如果自恃清高的話，很容易遭到失敗。

D 我行我素型

世俗規範對你來說完全沒有拘束力，因為你有自己的一套標準和自己對事情的獨特看法，不會受到其他人的影響。這樣的你很適合成為藝術家，最好快點認清自己的道路。

34. 你有怎樣的悲觀情結？

那些長期美滿的關係，最終還是破裂了，你對此怎麼看？

A. 喜新厭舊，只見新人笑，不見舊人哭

B. 俊男美女，自視甚高，不願長期屈就

C. 世事「合久必分，分久必合」，無須大驚小怪

D. 早已貌合神離，現在終於演不下去了

測試結果

A 或許是以往吃了不少虧，或曾被較信任的人背叛，這些讓你變得有些憤世嫉俗，想不開的你，不明白人生真的不是只由黑白兩色所組成的，人也沒有什麼絕對的忠奸。對人事物偏激，又重度悲觀，還真讓大剌剌的你老是和不幸的事物脫離不了關係，在此惡性循環下，你的悲觀指數更是居高不下。

B 你大剌剌的，對什麼都不在乎，常常都在狀況外，但好處是你不會想得太多，想得過遠，你也沒什麼心眼，不會與人計較，如此日子倒也過得自得其樂。你認為日子雖難過，卻總歸還是要過下去，所以和苦難面對面時，你還是會找到最容易生存的方式，不會猛鑽牛角尖，讓大腦淨空，自己也好過些！

C 你是個樂觀百分百的人，別人看到黑夜，你卻會想到之後黎明就會出現；下雨誘發不少人的憂鬱症，你卻還是相信能看到雨後的彩虹。挫折迎面襲來時，你當然也會傷心，但是你不會被這種情緒支配太久，總還是會往好處想，當大家都放棄希望時，你仍然昂然面對，找法子突破困境，微笑著去過每一天。

D 在你的DNA中，理性是主要成分，但是也正因為理性強過感性，讓你自以為看透了人性。不過，理性成長過了頭，其他方面其實就相對萎縮，所以，你習慣了多從學理方面而非由人情世故那一面去解讀故事。你的悲觀傾向讓你猶如一個預言家，能預想出許多事物的最終結局，但是你卻不能真正體會到人性人情在其中轉折演變的奧妙所在。

35. 你是個孤獨的人嗎？

如果未來你與他/她結婚了，你會選擇哪種花樣的沙發擺在新家的客廳呢？

A. 蘇格蘭格紋

B. 貝殼圖案

C. 花朵圖案

D. 幾何圖案

E. 天使圖案

測試結果

A 極具親和力且重情義的你，特別珍惜家人與朋友。對你來說，孤獨比與他人產生摩擦還要令人難以忍受。

居家型的你散播溫情，週遭的歡笑聲也不絕於耳，善於照顧別人是你的優點。

B 你愛好和平而安詳的氣氛以及眾人歡聚的畫面。但情感細膩的你，時而對人生的喜怒哀樂備感

沉重。你愛人群、愛地球,對博愛精神心領神
會並抱有興趣,其實你應該坦誠地接受身旁最
重要的人所給你的愛。

C 你個性喜好社交,又有點愛慕虛榮,你渴求有
聽眾,希望能成為大家矚目的焦點。

但你卻常在一群人中,刻意把自己孤立起來,
這對別人可能會造成困擾吧。

D 你是徹頭徹尾的個人主義者,秉持冷靜而實際
的價值觀。在你眼裡,情侶也好,夫妻也罷,
不過是兩種不同性格的結合。

其實,這樣的想法也不錯,你不必為此擔心,
也不必刻意迎合,只要體諒、尊重對方即可。

E 你天生怕寂寞,在人群中才能安心,但週遭越
熱鬧,你的心卻越孤單。彼此關係越親密,這
種感覺就越強烈,這會讓你變得冷酷。

或許你可以在藝術或宗教上尋找到心靈寄託,
祝福你。

36. 壓力讓你透不過氣來嗎？

有一天你在路上散步，忽然被一群正在追逐的小朋友中的一個踩了一下腳，你會怎麼對待那個小朋友呢？

A. 非常生氣，嘴裡罵著
B. 有點不開心，但會耐心地教導
C. 不會有任何舉動，覺得不要緊

測試結果

A 可以看得出你現在生活得很累，壓力很大。或許你的生活壓力並不是來自愛情和工作，可能是你對自己的心太過於壓抑了，找不到釋放的辦法，這讓你脾氣特別不好。

B 你對自己的生活很滿意，可能是人的慾望越少，就越容易獲得快樂，所以即使吃一頓美食都會讓你開心得不得了。你現在生活得很快樂，一點也不會覺得有壓力。

C 你可能對生活一時之間失去了方向，或者你正
在為你的目標而努力，雖然你會覺得生活累一
些，但是累的同時也快樂著，壓力對你來說是
一種動力。

☆【壓力讓大腦遲鈍】

明明演講稿已背得滾瓜爛熟，上台卻卡住了。芝加
哥大學心理學教授西漢·貝洛克在《窒息》一書中
指出，大腦「卡住」的祕密在於「內存」不夠！

緊張、焦慮等情緒存於「工作記憶」裡，占了大部
分內存，原本儲存在大腦裡的其他資源，自然沒有
空間提取出來了。

37. 你能控制自己的情緒嗎？

　　和朋友一起去喝咖啡，卻看見戀人和一個異性坐在桌旁，有說有笑，好像還很親密，這時你會：

A. 馬上衝過去，質問戀人
B. 生悶氣，無聲地走開
C. 裝成什麼都沒發生過
D. 大方地走上前去打招呼，給足戀人面子。

測試結果

A 你為人沒耐性，而且以自我為中心，很少顧及別人的感受，尤其遇到難題時，你會依賴別人的幫助。

　　這類人要小心，朋友不是你的管家，像你這樣的性格很容易把朋友激走的。

B 你是衝動派掌門人,做事往往不顧後果,一味憑感覺,亂衝亂撞,容易失敗收場。

建議你多聽取別人的意見,這樣可減少碰釘子的機會。

C 你是心思縝密的人,做事細心周密,處變不驚,總不會叫別人為你擔心。想讓你衝動,好像挺有難度的。

D 你是一個很有耐心的人,遇上麻煩事也不會亂了陣腳。因為你凡事都會為他人著想,所以你可以理智地處理問題。

更何況當遇到困難時,你身邊的朋友正在等待能夠幫助你的機會呢。

38. 你最不願被人提及的缺點

假日你去泡澡，正當你泡得開心時，來了一個又胖又醜又粗暴的人和你一起泡，這時你的第一反應會怎麼做？

A. 繼續泡澡，忽視那個人的存在

B. 很不爽地回房間泡

C. 很生氣地換別的湯屋再泡

D. 擺臭臉再酸對方幾句

測試結果

你最怕被揭穿「你是表裡不一的人」

你很希望保持完美的形象，有禮貌、很乖、很客氣，如果人家發現你其實不是這樣的人，那你就會覺得非常傷心，不想再面對很多事情。

B 你最怕被揭穿「以前做過的壞事」

你很善良，以前做錯事情，你已反省過、改過，現在形象已很好了，若這麼努力的時候又被人揭穿，你會很傷心的。

C 你最怕被揭穿「你衛生習慣太差」

你私底下的生活是很隨性的，愛好自由，可能房間很亂或者不是很注重衛生習慣……表面完美的你很怕被人家踢爆你原來衛生習慣這麼差，那樣你會覺得非常丟臉。

D 你最怕被揭穿「你私生活糜爛」

你平常生活中喜歡教導別人，表面上大義凜然，如果被人家發現原來你的生活也很狂野，並不像表面上那樣，你就會很生氣，氣的不是私生活被人家知道，而是以後沒有辦法去指導別人了。

39. 你有多消極？

如果有一天你因事很晚才回家，這時候已經沒有公車跟火車了，那你會怎麼辦？

A. 只好坐計程車回家

B. 乾脆找個夜店，天亮再回去

C. 找個公園或像樣的地方露宿街頭

D. 厚著臉皮打電話請朋友來接你

E. 停在原地，說不定會有認識的人經過

A 你本身有一套思維邏輯，遇到事情總是採取最穩定最保守的做法，所以你很難有因壓力過大而消極沉淪的機會。不過你雖不消極，但也不積極。

B 你根本就擁有樂天派的人生觀，天生不知消極為何物。想要利用挫折來打敗你簡直是難上加難！不過你也從來沒去想過明天要怎麼樣，總是過一天算一天。

C 碰到事情或是挫折，你總是做最壞的打算，也以自己的方式來處理。這樣的你當然很容易就解決掉所有的麻煩事，只是卻無法掩飾你消極的本質。

D 一些事情不見得你就沒能力解決，你卻總是偷懶，尤其反映在跟你沒多大利害關係的事物上。你只是不想思考，實在不能怪你消極。

E 你也太消極了吧？！真的以為事情放著不管就會有奇蹟發生？別想掩耳盜鈴，以為天塌下來都會有人幫你頂，也許都大難臨頭了，你還渾然不覺呢。

☆ 【讓你消極的6個心理盲點】

1. 不善於發現陽光面——放大了別人的幸福，縮小了自己的快樂。

2. 缺乏信念——不知道自己想要的。

3. 老愛比較——心裡只剩下慾望，沒有了幸福。

4. 不知道奉獻——凡事斤斤計較。

5. 不知足——無休止的慾望。

6. 不信任——人與人心靈漸漸疏遠。

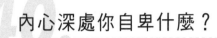
40. 內心深處你自卑什麼？

有一天，你在森林裡的山中小屋休息，有一隻非常可愛的野兔怯怯地往屋裡探頭，那麼，你覺得牠是用怎樣的方式在看呢？

A. 很普通地從窗戶下方看
B. 從窗戶的右邊看
C. 從窗戶的左邊看
D. 從窗戶的左上方倒著看

測試結果

你似乎對自己的外表感到自卑。「想要更有型啊……」像這樣，總是介意這種無無法改變的事。其實重要的是你對自己的定義。

B 你對才能沒自信。雖然你有別人會發出「好厲害！」的驚歎的才藝，在專業領域卻還是個半吊子。你很擔心伴侶會因此而鄙視自己。

C 你似乎不太滿意自己的個性。很介意的壞習慣卻怎樣也改不掉，這一點跟自卑感息息相關。請試著更重視自己的優點！

D 你似乎對自己的品味很沒有信心。看到很會穿著、很會搭配服飾的人，「我真差啊！」你常常會這樣責備自己。這時候，你就偷偷學學朋友的時尚吧！

41. 你在哪方面有挫折感？

當打開家門正要外出散步時，你突然撞到某人而使自己跌倒，你想對方會是怎樣的人呢？

A. 鄰居家的女士

B. 送報的先生

C. 工地的工人

D. 附近某個頑固的老人

E. 時尚的人

測試結果

A 由於你是在撞到她之後跌倒的，這表示你在和年輕女性交往時常感力不從心，換句話說，這是在和異性交往過程中有挫折感的人會選擇的答案。

B 報紙暗示著最新的資訊，選擇這個答案的人，表示你在課業或專業領域，有著某種程度的挫折感。也許你是個不願用功的學生或不積極吸收新知識的上班族。

C 工地的工人從事的是體力勞動，整日風吹日曬的，就算是打架也不願服輸。選擇這一項答案的人，會覺得自己的體力不如人，在身體上常有挫折感。

D 這個答案暗示權威和道德，頑固的老人令人想到的是像「最近的年輕人都……」這樣的開場白，選擇此答案的人，暗示你是個在道德感上一直有壓力的人。

E 選這個答案說明在你心裡有「我無法像他/她那樣，我太落伍了」的挫折感。換句話說，你是一個在身體或心理上已漸漸步入中年的人，且有跟不上潮流的挫折感。

☆【挫折決定生活】

你想過普通的生活，就會遇到普通的挫折。

你想過最好的生活，就一定會遇上最強的傷害。

這世界很公平，你想要最好，就一定會給你最痛。

能闖過去，你就是贏家，闖不過去，那就乖乖退回去做個普通人吧。

所謂成功，並不是看你有多聰明，也不是要你出賣自己，而是看你能否笑著渡過難關。

42. 你是不是能巧妙地吵嘴？

　　請先讀下面的故事，再回答後面的問題。

　　五個人同搭的一艘遊艇遭暴風雨襲擊而沉沒了。這艘遊艇上有已經舉行了訂婚儀式的真一和靜子，還有真一的朋友熊夫和三郎，靜子的朋友真由美。五個人都脫了險，拚命地爬上了A、B兩座孤島。

　　A島上有靜子、熊夫、真由美三個人，而相距很遠的B島上有真一和三郎兩個人。A島上的靜子甦醒過來，察覺到未婚夫不在身旁。「我在這裡……」遠處傳來真一的呼喚聲。

　　真一站在被海水隔開的對面島上，沒有獨木舟是絕對過不來的。熊夫找到一艘獨木舟。瞭解靜子此時心情的熊夫，逼迫靜子說：「讓我吻妳一下，就把這艘獨木舟給妳。」想儘快回到真一身邊的靜子，和真一也沒有接過吻，更不想答應熊夫。靜子和朋友真由美商量。真由美馬上冷淡地回答：「不要和我商量，這種事妳自己去考慮，應該果斷一些！」

　　靜子一心想和真一在一起，就對熊夫唯命是從，

答應了熊夫的要求，拿到了獨木舟。

　　起初，真一對靜子能來到自己面前，感到很高興。但一聽靜子說出拿到獨木舟的方法，馬上冷淡下來，斷然地對靜子說：「我決定和妳解除婚約。」看到這場景的三郎，完全同情靜子，多情地悄悄對靜子說：「我保護妳！我們倆一起度過這場災難吧！」

　　看完這個故事，請把你討厭的人排序。把你最討厭的人標上1號，然後依次往下排。你會把靜子定為第幾號呢？

定為第1號的人：

你是認真嚴肅的人，被對方責怪了一下，或者是不管發生了什麼不愉快，你總會認為是自己不好，馬上去賠禮道歉。因此，你和別人是不會吵架的。

定為第2號的人：

你有時發發牢騷，但很少生氣發怒，會自我克制，對想做的事也一忍再忍。不講明討厭對方，有時責怪一下對方，是讓對方喜愛自己的竅門之一。

定為第3號的人：

你發脾氣責怪對方，或者意見不一致就爭辯或吵架。
對雙方來講，吵完之後，心情往往難以平靜，要注意。

定為第4號的人：

你認為發生爭執後，有時要讓讓對方，有時不必計較。
可是，你有時也大發脾氣，和對方極力爭辯。不過，
在那種時候常常是對方向你讓步。

定為第5號的人：

你任性放縱，為所欲為，可是一吵架就心情發悶。你
的內心焦躁不安，常生氣發怒，使對方無所適從。即
使自己是正確的，有時也要考慮一下對方的心情。這
種人目前很受對方寵愛，但漸漸會被人討厭的。

43.
牆壁裝飾測試你的自信來源

如果你搬進新家，朋友們都覺得你家的牆壁留一大片空白不太吉利，提議你掛些東西，那麼你會選擇哪種裝飾呢？

> A. 藝術畫廊買回來的仿真品
> B. 自己與朋友們親手製作的照片牆
> C. 跳蚤市場買回來的復古掛鐘

測試結果

A　你還蠻有藝術細胞的，你覺得生活很幸福。親情和友情包圍著你，起碼你的自信是來源於同伴對你的信任，你會好好安排自己的生活，做

一個有獨特品味的人,也願意做一個特立獨行的人。

同伴覺得你可靠,值得信賴,你也不負眾望,家人或是朋友提出的要求,你都會一一滿足。

在感情世界裡,你是理想主義者,合則聚不合則分,因此沒有人能夠成為你的威脅。

B 你喜歡DIY,動手能力強,而且很享受辛勤勞動過後的那種成就感。證明你在人際關係中處於優勢地位,別人對你的肯定讓你感到有自信。當然良好的家庭環境還有高學歷,都是你的自信來源,你比較傳統,不喜歡浪費,不太喜歡追著時尚跑。你認為只要是適合自己的,就是時尚。

你喜歡大自然,還是素食主義者,你希望自己的人生能夠過得無憂無慮。

C 你很有自信,在工作中總是雄心勃勃,希望闖出屬於自己的一片新天地。

你向別人表現自己的工作能力,使很多本來討厭你的人都被你所折服,向你投來欣賞讚許的目光。

雖然你有時候不修邊幅,甚至舉止粗魯,但那

是你最真實的一面，你不會掩飾內心的狂野，
對著自己最親密的人你就會現原形。

☆【杜根定律】

強者未必是勝利者，而勝利遲早都屬於有信心的人。
換句話說，你若僅僅接受最好的，你最後得到的常
常也就是最好的，只要你有自信。

一個人勝任一件事，85%取決於態度，15%取決於智
力，所以一個人的成敗取決於你是否自信。假如你
是自卑的，那自卑就會扼殺你的聰明才智，消磨你
的意志。

44. 你嫉妒別人時的表現

有一天你和情人約會，天不遂人願，突然下起雨來，雨聲中伴著雷聲，附近甚至有棵樹被雷擊中。你認為被擊中的樹是哪一棵？

A. 森林中的樹
B. 矗立在山丘上的枯木
C. 池塘邊僅有的一棵樹

　擊中森林中的樹，這時火苗可能燃著其他樹木。你一旦嫉妒心起，妄想症就起，說不定會常打電話給對方，卻又不出聲。

你容易鑽牛角尖，很可能一不小心就成為嫉妒的奴隸。最好先調查清楚事實之後，再開始發你的怒氣。

B 枯木使人聯想到死亡。你容易將嫉妒轉為憎恨，
對對方產生敵意。在不知不覺中憎恨愈來愈多，
到最後你只想報復對方。

如果你是這樣的人，那麼你有必要改變自己，
像提升自我好使對方刮目相看，將怒氣化為正
面的力量等。

C 選擇此答案的人，其嫉妒心不易膨脹。你感到
嫉妒時，會承認自己的失敗，自身力量的不足。
而經由這一段反省之後，你得到自我成長，相
信同時也能將嫉妒化為提升自我的動力。

45. 由船上休憩位置的選擇測解壓方法

　　你接受朋友的邀請,乘船出海去玩。當天天空非常晴朗、天氣很好,你的心情也很愉快。你們在海上釣了一會兒魚之後就決定休息一下。於是你們便把錨拋下,準備停留兩小時左右。這時候,你覺得你會選擇在哪裡休息呢?

A. 到船頭的甲板上去

B. 到船的最上層去

C. 到船艙裡面去

D. 到船尾去

測試結果

A 船頭代表著旅行的願望，在你的內心深處，一直都抱著想要到外地去旅行的念頭。建議你到國外走走，或是泡泡溫泉。

B 希望在高的場所休息的你，很在意在別人面前的表現。如果感到心情不好，你可以去吃自己喜歡的食物或是逛街買東西等，這些都可能轉變你的心情。

C 船艙是乘客聚集的地方，表示你很想和大家在一起。最適合你的消除壓力的方法就是聚一次餐，或是去唱唱歌。

D 選在船尾，表示你現在的精神和體力都相當疲憊，做什麼事都提不起勁來。最適合你的休息方式就是，把你的電話關機！將工作或是課業都暫時拋到一邊去，一個人悠閒地度過。

46. 你的孤單度

　　新家的裝修全部由你來自行設計，在挑選壁紙方面，你喜歡使用哪種來裝飾臥室？

　　A. 豎條紋壁紙
　　B. 小碎花壁紙
　　C. 幾何圖案壁紙
　　D. 純色壁紙

測試結果

A 你是個喜歡簡單的人，生活中只要有幾個朋友就覺得很滿足了。你把自己的生活與他人劃分開，偶爾有孤獨感蔓延的時候。但總的來說，你並不感覺孤單。

B 你珍惜家人和朋友，害怕寂寞。對你來說，孤單比與他人產生摩擦還要難受。你只有在人群中才能感到安心，但週遭越熱鬧，你的心卻越顯孤單。彼此關係越密切，這種感覺就越強烈，

這會讓你變得越來越招架不住孤獨。

C 你是個我行我素的人，但這並不表示你就該與孤單為伍。雖然你表面獨來獨往的，但是其實你並不擔心孤獨對你會有什麼影響。在別人感覺你一個人生活真不可思議時，你卻在品味孤獨。

D 你厭惡孤單，希望被眾人圍繞。你個性喜好社交，又有點愛慕虛榮，你渴望有聽眾，希望能成為大家矚目的焦點，但又不想做得太明顯，因此你常常使用一些小伎倆，千方百計想在一群人當中，刻意把自己孤立出來。

☆【要學會交往，也要學會獨處】

學會交往，因為缺乏交往的生活是一種缺陷；但是也要學會獨處，缺乏獨處的能力，耐不住寂寞，離開人就活不下去，也是一種災難。

要知道，從出生到死亡，唯一能夠一直陪伴我們的，只有我們自己。學會獨處，無論發生了什麼，無論是否被拋棄，無論是否孤單無助，都永遠不會絕望。

47. 學著讚美你討厭的人

最好的學習是讚美你的敵人。下面請你閉目，放鬆，想出現實中你最討厭的一個人，把這個人明確化，然後想像出這個人的優點或比你強的方面來，再寫出幾句讚美的話。

特徵：_____
個性：_____
才能：_____

測試結果

學會寬容，站在欣賞他人的角度來產生讚美的意願，讚美應該是發自內心的，而不是靠說話技巧，應配合親切的眼神和身體動作。

把我們親切的眼神帶給對方，冷漠就此消失；用我們的耳朵來傾聽，爭辯就不見了。

48. 你的脾氣暴躁嗎?

　　假如你美美地睡了一覺,早上醒來時,你認為聞到什麼樣的氣味,會讓自己精神百倍?

A. 窗台上花草的芳香
B. 濃濃的咖啡香
C. 豐盛早餐的杳味
D. 法國香水的味道

A 　你是個內斂的人,對於很多事情的處理方式不會太激進,因為你明白急躁無法改變困境。你不會為了瑣碎小事而大動肝火,是個比較有修養的人。

B 你的情緒起伏比較大，心情很好的時候，遇到煩心事也會不以為意；但如果心情不好，即便很小的事情也會讓你大動肝火。

C 你的情緒由你和對方的交情而定，如果對方與你是非常親密的朋友，那麼你反而很容易因為一些小事而動怒；如果對方和你不熟，你則是睜一隻眼閉一隻眼，不好意思去計較太多。

D 你很少大動肝火，在通常情況下，你很顧及情面，總是和和氣氣的，不會破壞自己的興致。但是這並不代表你是好脾氣的人，充其量只能說是你的修養不錯。如果真的有人碰觸到你的禁忌，你就會像座爆發的火山般摧毀周圍的一切。

☆ 【如何才能「寫出好心情」】

心情不佳，這樣可以挽救負面情緒：

1. 即時與隨性：心情有了狀況，逮到時間就提筆把想法如實寫下來。

2. 強調感覺：寫出情緒感受，會減輕焦慮感。

3. 重新定義：接著，對事情進行新的詮釋：除了這個負面角度，還有其他的可能解釋嗎？這樣就能幫助自己跳出情緒泥沼。

大大的享受拓展視野的好選擇

永續圖書線上購物網
www.foreverbooks.com.tw

謝謝您購買 你對自己的瞭解可能是錯的：發現真實自我的113個心理測驗 這本書！

即日起，詳細填寫本卡各欄，對折免貼郵票寄回，我們每月將抽出一百名回函讀者寄出精美禮物，並享有生日當月購書優惠！

想知道更多更即時的消息，歡迎加入"永續圖書粉絲團"

您也可以利用以下傳真或是掃描圖檔寄回本公司信箱，謝謝。

傳真電話：（02）8647-3660　　　　信箱：yungjiuh@ms45.hinet.net

☺ 姓名：　　　　　　　□男　□女　　　　□單身　□已婚

☺ 生日：　　　　　　　□非會員　　　□已是會員

☺ E-Mail：　　　　　　　電話：（　）

☺ 地址：

☺ 學歷：□高中及以下　□專科或大學　□研究所以上　□其他

☺ 職業：□學生　□資訊　□製造　□行銷　□服務　□金融

　　　　□傳播　□公教　□軍警　□自由　□家管　□其他

☺ 您購買此書的原因：□書名　□作者　□內容　□封面　□其他

☺ 您購買此書地點：　　　　　　　金額：

☺ 建議改進：□內容　□封面　□版面設計　□其他

　　　您的建議：

新北市汐止區大同路三段一九四號九樓之一

大拓文化事業有限公司收

請沿此虛線對折免貼郵票，以膠帶黏貼後寄回，謝謝！

你對自己的瞭解可能是錯的：發現真實自我的113個心理測驗

■　請至鄰近各大書店洽詢選購。

■　永續圖書網，24小時訂購服務
www. foreverbooks. com. tw
免費加入會員，享有優惠折扣

■　郵政劃撥訂購：
服務專線：(02)8647-3663
郵政劃撥帳號：18669219